Malle Vögel aus Vorpommern

Heinrich Bandlow

Malle Vögel aus Vorpommern

Eine Textauswahl
von Jürgen Grambow

HINSTORFF

Die Deutsche Bibliothek - CIP-Einheitsaufnahme

Bandlow, Heinrich:
Malle Vögel aus Vorpommern / Heinrich Bandlow.
Eine Textausw. von Jürgen Grambow. - 1. Aufl. -
Rostock : Hinstorff 1998
ISBN 3-356-00783-1

© Hinstorff Verlag GmbH, Rostock 1998
1. Auflage 1998
Illustration auf dem Schutzumschlag:
Dietmar Arnhold
Druck und Bindung:
Wiener Verlag GmbH Nachf. KG
Printed in Austria
ISBN 3-356-00783-1

Inhalt

Philipp Kiddelslipp 7
Vullkamen richtig 12
Geld 12
De Millionen 18
Trüggbetahlt 18
Den Arger sin Rundreis' 19
Einfach 26
En ganzen Grisen 27
De Stun'n 32
Ganz richtig 32
Dat Strafgeld 33
Gaude Hülp 40
En lütten Irrtum 41
Krischan in't Kaffeehus 42
De grote Bidd 44
Dat Drinkgeld 45
En Jubelgreis 53
Bunte Sache 74
Wat ut en Schawernack rutkümmt 75
En scharp Verhür 110
En Wahlagent 112
Erkennung 113
All so as so! 117
De Mur 117
Unkel Franz un Schultsch 118
De Kunst geiht nah Brot 125
De vigeletten Strümp 125
Afwinkt 130
Strand-Kunterbunt 130
Unser Zugführer 135
Huching 143

Hedwig 144
Awergloben 156
Nierenkrank 156
Arrak-Grog 157
As tau Hus 166
Grad dorüm 166
Im Moor 167
En nig Wurd 182
[Noch] en nig Wurd 183
Knab' und Röslein 183
De ripen Aeppel 187
Helmerich 188
Eine pommersche Städtegründung als
Aktienunternehmen 197
De Hindenburg 205
Vom Magister Ahlwardt, einem Studenten
und einem Mädchen 205

Nachwort 211
Worterklärungen 217
Quellenverzeichnis 222

Philipp Kiddelslipp

De Wind, dei mi af un tau in de Segel fött, wenn ick Stoff för min Schriweri fischen will, drew mi mal abends nah 'ne verluren Strat rin, wo dat 'ne verluren Bierstuw giwwt, dei up den Namen *Oll Hawerkist* döfft is. De Mann, dei desen Namen erfunnen hett, mag dorbi an olle afrackerte Mähren dacht hewwen, dei sick hier mal wat tau Gauden daun künnen. Wat äwer in de *Oll Hawerkist* set, wir meist sorgloses junges Volk, un wil mi dünkt, dat min gris' Kopp un min fiefunsöbentig Johr nich mihr recht mit de wählige Jugend un ehren Aewermaut up ein Stuft stahn sälen, so nehm ick an en einsamen Disch an'n Aben Platz un hürt tau, wat Piper Ohrns un Luten Fett, Sweden-David un Dremmler Kiengräun un noch anner tau reden un tau lachen hadden. De Haupthahn unner ehr wir de lustig Georg Mühring, dei mit sinen Vadder en Holtgeschäft bedrew. Georg ret mit einen gesunnen Minschenverstand un sinen raschen Geist alls mit sick furt un makt dat langwiligst Vertellers appetitlich mit den Semp, den hei dortau gew, mit Fopperi un Neckeri un spaßigen Snack.

Sweden-David rawwelt grad sinen Faden af von sin Heldentaten bi dat grote Füer in de Nawerstadt Kruzensee, wo sei all as friwillig Füerwehr hadden löschen hulpen, as noch ein Gast kem, en feinen Herr *in eloajanter Kluft,* as de Berliner seggt. De ögt irst rüm in de Stuw, un't sach en Ogenblick so ut, as wenn hei bi mi in de Aweneck sick henplanten wull, äwer ok man en Ogenblick.

Hei mücht min Gesicht woll för en Holtappel anseihn un slängelt sick nu dörch de Lüd an'n groten Disch, erwischt 'ne frie Sofaeck un nickt de enzelnen Herren tau, beten van baben dal un gnädig, as mi dücht.

„Gun Abend, Snider!" säden de meisten. Weck redten em ok mit sinen Namen Kiddelslipp an, un Piper Ohrns säd: „Gun Abend, Philipp!"

„Hier würd eben von Kruzensee spraken", füng de Snider an, dei bi Meister Rost as Gesell arbeiden ded, „in Kruzensee heww ick längere Tid arbeit't. Dor hew ick en echten Fründ an den Rekter Menzel funnen. Wi spröken oft äwer Politik, un hei säd, mit min Insichten hädd ick dat Tüg dortau, Reichsdachs-Abgeordneter tau warden, denn, säd hei, Herr Kiddelslipp, Sie haben Verstand!"

„Wo hewwen Sei den sitten?" rep Georg Mühring lud un unverfroren, „woll in de Primdos', nich, Slipping?"

De Snider knep de Ogen tausam un säd tau den Holthändler: „Sei weiten am En'n nich, dat ick up de Akademie west bün, un dor lirt'n beten mihr as sin Handwark. Un dat hett de Rekter von'n irsten Ogenblick weg hatt; denn hei is ok en Studierten."

„Ne, würklich? Hewwen Sei dor de grot Figelin spelt?"

„Dat heww ick sacht, un dat giwwt Lüd, dei Verständnis för de rechte Bildung hewwen so as ok de Kantaster-Kunterlür Grandt in Wangelstein", säd de Snider mit de Aewertügung von sin eigen Wichtigkeit, „mit den heww ick abends ümmer Skat spelt un em von min Reisen vertellt. Dei säd tau jeden, dei't hüren wull: De Herr Kittelstipp is en echten Dütschen un fürcht't sick vör keinen Minschen."

„Na, nu brek di man nich de Tung af", säd Piper Ohrns, un Georg rep in sin lude Wies': „Ja, ja, de akademschen Bück! Dei känen sick benehmen. Uemmer hoch up Stelten, nich, Slipping? Wo heiten Sei mit Vörnamen?"

„Philipp!"

„Oh, dat's gelungen. Hadd nich einer von de groten Herren 'ne Dochter för Se, Lipping Slipping?"

De lütt Gesellschaft hadd ehr helle Lust an dit Uptrecken, un ok de Snider lacht mit; hei verstünn kum den Spott un snurrt as en Kater, de strakt ward, so taufreden wir hei, dat hei de Mittelpunkt von de Gesellschaft wir. Wo kettelt dat sinen Eigendünkel. Hei ded sick noch wider dick mit sine vörnehme Bekanntschaften ut anner Städer un künn sick nich naug daun in windige Ruhmredigkeit. Hei let noch Direkters un Inspekters un den Deuwel un sinen Pumpstaken upmarschieren, dei em bewunnert un lawt hadden, bet Georg endlich säd: „Gott stah min sös Daler bi! Wat sünd Sei för 'n Athlet. Nu seggen S' äwer mal: Sei reden von alle mäglichen Städer – hewwen Sei denn hier in uns' Stadt Lönsenhaken nich ok en grotes Tier in Ehr Bekanntschaft?"

„Dat süll ick doch denken", säd de Snider unverfiert un smet sick in de Bost, „Tierarzt Riesebeck is min gauder Fründ un Duzbrauder."

„Den Draußel! Denn sünd Sei jo de vörnehmst Lüchting in des' Stuw. Mit so 'nen befähigten Mann sitt jeder girn tausam. Verkihren Sei in de Familie?"

„Ne, dat grad nich."

„Führen Sei mit em öfters äwer Land?"

„Dor heww ick kein Tied tau."

„Sünd Sei all mal mit em in de Ställe west, wo de kranken Käuh stahn?"

„Ne, dat ok nich, worüm?"

„Ick dacht, Sei hädden sick dor de Mulsük weghalt."

Sei prust'ten wedder all los mit Lachen. Piper Ohrns rep: „Ick kann nich mir, ick kann nich mihr", un hüll sick de Mag. Dat wir nu doch so wid tau, dat einer en Inseihn hewwen un den Jux en En'n maken müßt, un dat besorgt de Düwel. Dei hett all ümmer lose Knep in'n Kopp hadd, as em noch de Bücksen achter tauknüppt würden, un wull nu ok sinen Spaß an des' Kemedi hewwen – hei let en nigen Besäuk nah de Stuw rin, den sick keiner vermauden wir. Weckern? Den Tierarzt Riesebeck. An sinen verwickelten un waghalsigen Gang wir tau seihn, dat hei sick all annerwegt de Stewel vullfüllt hadd.

„Guten Abends, die Herren!" rep hei mit kratziger Stimm, „noch Platz für mich?"

„Allemal, Gustav", säd Philipp Kiddelslipp, „sett di man hier bi mi dal; des Stauhl is fri."

De Tierarzt kek sick den Snider äwerögt an un frög: „Was sind Sie für ein Monarch?"

„Oh, Dokter", gew de Snider tau Antwurd, „denkst du gor nich mihr an de *Gollen Druw,* wo wi vör vierteihn Dag so vergnäugt wiren un Grog drünken?"

„Ich trinke immer Grog. Also Sie haben auch schon mal in meiner Gesellschaft getrunken. Da hatte ich mir gewiß den Pfeifenkopf schön angeraucht, was? Beinahe besinne ich mich, Ihr Gesicht schon gesehen zu haben, wissen Sie, es sieht so nach Buttermilch aus. Waren da nicht noch mehr Kamele in Ihrer Art? Mir schwebt es dunkel in der Erinnerung, daß da noch ein Musikant und ein Scherenschleifer waren, stimmt das?"

„Ja, dat stimmt", säd de Snider benaut, „un don hewwen wi all Bräuderschaft makt."

De Tierarzt stödd en gruglig Gelächter rut: „Das sieht mir ähnlich", rep hei, „habe ich Ihnen nicht auch einen Schimmel verkauft? Hab ich mit Ihnen zusammen nicht unser Jahrhundert in die Schranken gefordert? So etwas mache ich in der Bezechtheit mit Vorliebe. Was sind Sie? Ein Handlungsbeflissener aus dem Schnapsladen oder Bedienter bei der Gräfin Alkun?"

„Ick bün de Snider Philipp Kiddelslipp", säd de anner sihr verdreitlich, „Sie haben damals immer du zu mir gesagt."

„Du ist auch ein hübsches Wort, d u, Du. Buchstabieren Sie auch mal, oder haben Sie nicht so viel gelernt?"

„Nehmen S' nich äwel, ick bün up de Akademie west."

„Oh, wie nehm ich das übel! Also ein Kollege von der Ellen-Fakultät."

De Gesellschaft kem nich ut't Lachen rut bi de muntere Unnerhollung, un dat güng jo nich anners, Georg Mühring müßt nu noch den Punkt up dat I setten. „Herr Doktor", säd hei, „de Snider hett liekerst 'ne Marach Bildung wegsnappt; dor känen wi all nich gegen an stinken. Hei sall ok Minister warden – wir't nich so, Slipping? Vör den känen wi uns all de Näs wischen."

Don sprüng de Snider up, betahlt den Wirt un stört't ut de Dör.

„Die meisten Leute", säd de Tierarzt, „werden einen solchen großtuerischen Schwätzer für dumm und unausstehlich halten und ihm aus dem Weg gehen; das Beste ist nach meiner Meinung, man nimmt ihn nicht ernst und lacht über ihn. Prost!"

De Fischeri, von dei ik tau Anfang redt heww, hadd sick för mi lohnt, mi wir en fetten Bors in't Nett gahn. Ick betahlt ok un güng af. Up de Strat seg ick den Snider vör de Oll Hawerkist stahn, dei hei angelegentlich in Ogenschin nehm. „Weiten Sei", redt hei mi an, „ick heww Sei in de Abeneck sitten seihn un holl Sei för en vernünftigen Mann; Sei hewwen nu doch ok seihn, wo des' Mühring sick upspelt un wunner denkt, wat mit em los is. So'n Ort Lüd mag ick nich liden, un wenn ick em begegen, ward ick wider nicks daun as em höhnschen ankieken. Un wat de Tierarzt för en Gast is, dat hewwen Sei ok seihn. So'n brallig Minschen, dei ümmer den Mund vörweg hewwen, kann ick nich utstahn, so en upgepust't Wesen kann ick nich verdragen, un mi känen alle Tierärzte von de Welt in'n Mandschin begegen."

Vullkamen richtig

De jung Kopmannsgehülf Plötz meldt sick bi den Kopmann Kretschmann, dei en Gehülfen söcht.

„Monatlich gew ick achtzig Mark", seggt Herr Kretschmann.

„Dormit kann ick äwer nich grot Sprüng maken", meint Herr Plötz.

„Dat's ok nich nödig! En Springer will ick ok nich anstellen."

Geld

Fru Hahn set an'n Disch un spiekert sick in Rührei un Schinken, lütt Knackwust un Spickhiring. Sei wir 'ne gaudmäudige un unbedriwliche Wittfru in de besten Johren, äwer in de Breit untenanner gahn. In ehr bläuscherig Gesicht hüng 'ne halfripe Plumm', dei ehr vel Kummer maken ded. Sei redt girn von ehr Nüchternheit, so as de Schapskopp von sin Klaukheit, de Spitzbauw von sin Ihrlichkeit un de Stridhamel, dei mit sin Fru in ewig Jagd lewt, von Brüderlichkeit redt. Sei säd, ehr Näs wir von'n Snuwtobak so anlopen, äwer de Snuwtobak rök doch stark nah Rosenlikür, un in Würklichkeit treckt sei ok alle Stun'n ehr Lebensgeister mit en lütten Trost ut de Likürbuddel up.

Midden in ehr gesun' Beschäftigung buckt en Herr in verschaten Antog nah de Stuw rin, ein von ehr Meidslüd, un frög in äwerspönigen Ton: „Is Anna hier?"

Fru Hahn let sick nich stüren un et ruhig wider, sei kek nich mal up un beacht't em nich.

„Na, paßt Sei dat nich, mi tau antwurden, oll Flanellrock?" frög de Herr, den sin Bort bald 'ne Woch olt wir.

De Fru sprüng up un smet em en Blick tau, vör den en Grenadier hädd in de Huk sacken müßt, un de Herr zufft ok richtig trügg. „Wat unnerstahn Sei sick?" rep sei. „Wat seggen Sei? Sei Daugenicks, Sei Liederjahn? Wer sünd Sei eigentlich?" Ehr Stimm slög in en unverständlich Meckern üm, sei let sick wedder up'n Stauhl fallen un snappt nah Luft as en Karpen.

De Herr hadd so'n Würd all tau oft von ehr un von vele anner Lüd hürt, as dat sei em in'n geringsten rühren deden. Hei wir en Mann von viertig un etliche Johr, de einzig Sähn von den ollen rieken Kopmann Krenkel, dei mal de irste Figelin in de lütt' Stadt spelt hadd, nahst äwer tau Grun'n gahn wir, wil hei sick tau wenig üm't Geschäft kümmern ded. Üm den Namen Krenkel weigt ümmer noch de kräftige Geruch von frisch un unverfroren Lebensort un natürliche Minschenfründlichkeit. Georg Krenkel sin Sähn hadd vel von den Ollen sin Wesen äwernahmen, ok hei wir gesellig un gefällig, mihr as't tau verantwurten wir. Hei würd utnutzt. Wenn hei Geld hadd, hadden all Lüd wat. Hei smet dormit, hei spelt girn den Grotorigen, un bi desen grenzenlosen Lichtsinn flög sin Geld in alle Win'n. So lang as he in Vadders Geschäft wir, künn hei de leddig Kanon ümmer wedder ut de Ladenkass' laden; äwer as de Herrlichkeit vörbi wir un hei sick ut eigen Kraft dörchslahn un sick vörwarts helpen süll, dun füll hei in sick tausam as 'ne Efeuplant, dei de Stütt nahmen is. Hei möcht nich arbeiden un würd dorüm narends hust. Uthollen künn hei 't blot in de Kneip, un wen dei fat't hett, den lett sei nich licht wedder los, sei hackt sick an em fast as Vagellihm oder as en Oekelnam. Hei hadd sin Heil versöcht as Kopmann, as Schauspeler, as Reuter-Vörleser, tauletzt as Husknecht, un nu wir hei tämlich afräten wedder in sin Heimatstadt up'n Strand lopen un hadd sick bi Fru Hahn inmeidt. Hei rök up 'ne half Mil nah Armut, rekent äwer up en Lotteriegewinnst un hofft, dat sin riken Tanten bald dorhen gahn müßten, von wo 't kein Wedderkamen giwwt. In'n Stillen rekent hei ok dormit, dat hei de wollhabend Fru Hahn ehr Dochter frigen un sick dormit in en warm Nest setten wull. Em wir alls Wust, hei wir glikgültig bet in de Potenzen un leg bet Middag in't Bedd. Hei hürt mit tau den Schum, den nah jedes Hochwater an't Aeuwer liggen bliwwt, smerig und ful un murrig.

„Anna möt min West utflicken, raupen S' ehr!" säd hei un kek nürig de Herrlichkeit an, dei up'n Disch stünn. „Wenn Se dat all upeten willen, wat up'n Disch steiht, denn warden S' den Buk woll vullkriegen!"

„Nu maken S' äwer en Punkt! So mit 'ne Fru reden", säd sei unfründlich. So as ehr Wut tauirst upbluckt wir, so rasch wir sei ok wedder utbrust, un dorin hadd de Upregung von de gaudmäudig Fru Aehnlichkeit mit den Schum ut de Bierbuddel, wenn de Proppen aftreckt is. „Ick heww mi äwer Ehren Snack argert", füng sei dat Vertelles wedder an, „min Gesicht is jo woll ganz rot worden!"

„Ja, noch tau de Näs", säd Krenkel drög.

„Wenn Sei noch mal so frech reden, denn bring ick Sei up'n Draww! Un Anna steiht nich mihr tau Ehren Deinsten, gor nich mihr! Dat marken S' sick! Betahlen S' de Meid för säben Mont un all dat anner, wat Sei mi schüllig sünd. Ick weit hüt noch nich, wo Ehr Geld utsüht. Un trecken S' ut!"

„Dor sünd Sei all wedder mit de Meid! Wo kann einer so kleinlich sin, alle Ogenblick tau mahnen. Dor kriegt ein' jo Magweihdag von. Uttrecken dau ick nich, mi gefüllt de Stuw bet up de Tapeten ganz gaud. Hüren S' mal, wo mi de Mag Musik makt! Wo seihn de Eier appetitlich ut."

„Dor is 'n Semppott, eten S' den leddig!"

„Dat is en Snack, dor weit 'n nich, wat vör un achter is!" gew Krenkel trügg un grep, ahn irst lang nah Metz un Gawel tau fragen, nah 'ne Wust, dei hei in'n Uemseihn verputzt. De Wirtsfru schüll em ut, äwer hei kihrt sick nich doran un frög: „Willen Sei nu Anna schicken oder nich?"

Kein Antwurd.

Hei föt von frischem nah: „Leihnen S' mi fif Mark?"

Fru Hahn et ruhig wider, ahn em tau beachten.

„Negst Woch is Lotterie-Teihung; denn giwwt't en Hümpel Geld. Leihnen S' drei Mark! Ne? Ok nich? Un ick dacht recht, ick hadd en Stein bi Sei in't Brett. Ick wull hüt eigentlich fragen, ob Sei mi as Swiegersähn hewwen wullen. Ehr Dochter Trude wir recht 'ne Fru vör mi!"

„Rut mit Sei driftigen Gast!" schreg de Fru, „oder ick raup nah Hülp! So'n Pack kann vör Hunger nich slapen un makt einen hier so'n Malessen!"

Georg Krenkel snöw sick as Antwurd dreimal achter enanner de Näs' ut, wat sick anhürt, as wenn hei up't Posthurn blasen ded. Hei hüll dat för geraden, sick ut'n Rok tau maken. Fru Hahn nehm tau Beruhigung en Sluck ut de Likürbuddel.

Mit Georgen sinen Lotteriegewinn würd dat nicks; dorför kem äwer en poor Dag nah desen Uptritt en Mann in sin Stuw, dei em süs ut'n Weg gahn wir un em ümmer mitledig ankeken hadd, dat wir de Geldbreifdräger. Dei bröcht en allmächtigen dicken Breif mit Geld, Geld, Geld, luter Dusendmarkschins, dei von en Rechtsanwalt kemen, un de Rechtsanwalt schrew, dat dit de Arwschaft von Tanten Adelheid wir. Georg Krenkel blädert de nüdlich Schins dörch un nickköpt kräftig mit'n Kopp, womit hei andüden wull, dat em endlich taufollen wir, wat en düchtigen Minschen taukümmt. Un nu fack fack de Trepp dal nah Fru Hahn.

„Anna sall kamen", säd hei hochfohrig un smet sick in de Bost.

„Anna is nich för Sei upschöttelt!" säd sei, un de Arger steg in ehr up, „un äwrigens will ick Sei man seggen, dat ick Ehr Stuw an en annern Herrn vermeidt heww. An'n Irsten trecken Sei ut!"

„So? An en annern Herrn? Wat betahlt dei denn Meid?"

„Dörtig Mark den Monat!"

„Dunner un de Knütt! Dat's saftig för de Kabach! Na, ick gew viertig Mark, un nu raupen S' Anna!"

„Nu wesen Sei so gaud un laten S' dit upgepust't Kumdieren. Wat billen Sei sick eigentlich in, Sei Isnicks un Hettnicks! Viertig Mark Meid betahlen – weiten Sie, woans viertig Mark utseihn? Sei reden von'n groten Christöffer un hewwen den lütten nich seihn! Laten S' sick utlachen!"

Georg halt stats alle Antwurt sinen Geldbreif ruter un läd en Dusendmarkschin up'n Disch. „So, nu maken S' sick betahlt!" säd hei. De gaud Wirtsfru blew Luft un Aten weg, as sei all dit Geld seg, ehr Arger wir mit eis verdunst't, un ehr Hand zittert, as sei ehr Reknung ut de Dischschuw ruterhalt. „Hier", säd sei ganz zach un tausamenknickt, un gew em dat Blatt.

„Wahnung för säben –"

„Ach wat, lat S' mi mit so 'ne Lapperi taufreden! Wovel is't tausam?"

„Hier: 354 Mark!"

„Gaud! Raupen S' Anna, dei sall wesseln!"

„Furtst, Herr Krenkel!"

Anna drawt af un un kem bald wedder. Georg Krenkel läd 400 Mark up'n Disch.

„Ick kann äwer nich wesseln", säd sei.

„Ach wesseln, wegen so'n poor Penning redt'n nich! behollen S' dat, oll Flanellrock!"

De Fru lacht em holdselig tau un müßt nu en Snider halen laten, dat hei den riken Herrn inkleden süll, un müßt ut'n Gasthof Eten un Drinken halen laten, un sei eten as Schauspälers un drünken as de Wäustensand. So wir hei nu mit eis de grotorig Herr, sitdem hei gesund in de Tasch worden wir. „Also, ick wahn doch för viertig Mark wider?" frög hei erhaben.

„Natürlich! En so bescheiden un leiwen Meidsmann beholl ick girn!" Un sei schenkt em en Rosenlikör in. Blot ein Deil ded sei nich, ehr Dochter Trude gew sei em nich. Sei wir klauk un seg all dat Enn von all des' Herrlichkeit vörut.

De Millionen

Korl Möller steiht bi Jochen Dämel
Un beid vertellen sick en Stremel,
Dor seihn de beiden Jehann Prahsten,
Dei sit in en Gewitterkasten,
Wotau de Lüd jo Auto seggen,
Un deit sick achteräwer leggen,
Un deit so mastig un so prottig
Un so, as sühst mi woll, pernottig.
As de nu bi ehr sust vörbi,
Don seggt uns Korl: „So'n Swineri!
Dei hett't verstahn tausamtauraken,
Un sick in'n Krieg gesund tau maken,
Bi den ded sick de Swinnel lohnen,
Wo sitt de Minsch dor stur un stif!
Vörher hadd hei kein Hemd up'n Liw,
Un nu ward seggt, hei hett Millionen!"
Uns' Jochen kratzt sick achter't Uhr,
Nimmt langsam einen Prim un klemmt'n
Sick achter 'e Kusen fast un fröggt:
„Minsch, wat will hei mit so väl Hemden?"

Trüggbetahlt

De oll Pötter Engel sall in en vörnehm Hus de Abens nahseihn un kümmt mit sin Lihrburßen an. De Fru von't Hus röpt ehr Deinstmäten un kumdiert: „Bringen Sie meine Schmucksachen alle ins Nebenzimmer und verschließen Sie alles im Schrank."

De Pötter verschütt kein Mien. Hei halt de Uhr mit Kett ut sin Tasch un seggt: „Fritz, bring dit mal na Hus, hier is dicke Luft."

Den Arger sin Rundreis'

Dat wir en schönen Septembermorgen, mild un warm, womit de Sommer 'ne nette un zierliche Verbeugung tau'n Aufschied makt un sinen Nahfolger, den Winter, noch dat Dur tauhüll. So wid as de Minschheit all in de Beinen wir, atent sei mit Behagen de weike Luft in, un Korl, de Möllerknecht, stellt sick idel vergnäugt mit de beiden Hän'n in de Bücksentasch vör de Stalldör, hojahnt eis kräftig un fläut't sick en Stremel; denn wegen Beswerden un Plackeri füllen em kein Hoor von'n Kopp. Un nu lacht hei äwer de beiden dämlichen Hahns, dei sick bi de Köpp tulten, un schüttelt sick stotwis un wull eben losprusten, as de Hofdör apenreten würd un de oll Möllermeister as en Späuk rutfohrt kem.

An desen schönen Morgen, wo alls Freud un Frohsinn wir, slek en fünschen Gast dörch de Straten von de lütt Stadt, dei allerwegt rümspinkeliert, wo woll antauhaken wir. Dat wir de Arger, den de Luft tau 'ne lütt Rundries' ankamen wir. Holla! Dor wir jo den Möller Eckert sin Hus, dei gistern dörch de Dörper führt wir, üm Geld intaukassieren von de lütten Lüd, dei för de Johrslieferungen an Schrot un Mehl in sin Bauk stünnen. Hei hadd von de armen Prachers kein Geld inbört; denn sei hadden sülwst nicks. Up des' Reis' in de Dörper hadd de Arger bi em seten, un de Meister wir em nich losworden un hadd em bi sick behollen, as hei wedder an Hus ankamen wir; äwer hei verstök em, dat sin Fru nicks von den slimmen Gesellen gewohr würd, un irst de Nachtslap verschüchert den Arger. Nachts giwwt dat nich rechts wat tau daun; hei kettelt denn höchstens de Nachtwächters un Kortenspelers; äwer nu an'n Morgen makt hei sick wedder an'n Möller ran.

De Meister hadd sick wedder tau 'ne Landreis' anklöstert, hadd de Pitsch in de Hand nahmen un güng äwer de Husdel, as de Arger em wedder stäkert un em sinen Korl wisen ded, dei sick äwer de schöne Welt un de beiden Hahns freugen ded. Karl hadd dat ümmer recht gaud bi sinen Meister un Fru Meisterin; hei kreg kein leges Wurd tau hüren; äwer nu hadd hei dat so in't Gefäuhl, as wenn en Gewitter in'n Antog wir, un hei wull rasch nah'n Stall rinwitschen. De Meister kreg em Holtfast.

„Wo is dat Gott in de Welt mäglich", snurrt hei up den Knecht los, „dat du hier rümmulapst! Weißt't nich, wat du anfaten sast? Hest du Hackels sneden?"

„Ne!"

„Hest du de Mählsäck up'n Mählenwagen smeten?"

„Ne!"

„Wenn du nich so'n Heuoß wirst, denn so swenckt ick di en poor in de Jack. Wist du bi mi noch länger in'n Deinst bliwen?"

„Ja", säd Korl benaut.

„Nu spann de Föß vör'n Federwagen!"

Wenn Meister Eckert ok wat hastig un forig wir un sin Red un Antwurd nich mit säut Würd äwerladen ded, so wir Korl doch de Meinung, dat hei em doch nich so stif hädd kamen brukt, un de Arger, des' infamte Hallunk, spröng mit einen Wuppdi up Korl sinen Nakken, un't fehlt nich vel, denn hädd hei de Mähren en poor Dinger ströpt. Aewer dat güng wegen den Meister nich, un irst as dat Fuhrwark ut de Hofdör bädeln ded, säd hei tau sick: „Wat's den in de Kron schaten! Dat was 'ne starke Pris'! Heuoß hett'e tau mi seggt! So wat heww' süs blot von minen Köster in de Schaul hürt, wenn hei mi dörchtageln ded." – Un hei grunzt sick un schüll vör sick hen äwer des' unklauke Welt.

De Kuller wir äwer em kamen, un em verlangt nah wider nicks, as dat em de Mählenjung in de Möt kem, dat hei em 'ne Backs veraffolgen künn. Bi desen fründlichen Gedanken füll em in, dat dat Husmäten em eis so awerstrakt hadd, dat ehr Handschrift noch drei Dag up sin Back tau lesen west wir. Un dat blot dorüm, wil hei ehr en Kuß hadd verpassen wullt. Täuf! Nu wüßt hei, an weckern hei sin Wut afkäuhlen sall; hier wir Gelegenheit tau Rache! Hei also hen nah de Käk, wo Jette dat Regieren hadd.

Jette süng lis vör sick hen; sei hadd gistern Abend glückliche Stunden mit ehren Fritz verlewt. Sei wir en stämmig un handfast Minschenkind, dei blot bedurt, dat sei nich as Jung tau Welt kamen wir. „Denn wir ick Polizist oder Nachtwächter worden", säd sei, „äwer denn gnad Gott de dunen Kirls un de Spitzbauwen." Un sei lacht un wist ehr stämmigen Arm, dei nich von slicht Oellern wiren.

„Giw mi en Glas Water!" bellt Korl ehr an.

„Na nu, wecker Fleig hett di steken! Up'n Hof is de Pump!" antwurd sei spöttsch. „Un denn red nich so backsig mit mi!"

„Ick bün wütend, will ick di man seggen. Himmeldunnerwetter!" hei slög mit de Fust up'n Disch. „De Heftigkeit liggt in min Natur!"

„In min ok", säd Jette ebenso forsch. Dat Wederglas wir bi ehr mit eis up Storm follen.

„Holl dinen Rand, oder ick smit di den Töller an'n Dätz, dat di – –"

Ihre hei utredt hadd, wir Jette mit einen Sprung vör em un drückt sin Handgelenk so tausam, dat dat quitschen ded un Korl vör Weihdag in de Käk rümsprüng. Von den Töller an'n Kopp was kein Red mihr. „Rut mit di", rep sei, un Korl schöt ut de Käkendör, slenkert buten mit de Hand un beseg sick dat Gelenk, wat de muntere Jette so zärtlich umfat't hadd. „Jo nicks dorvon seggen", tröst't hei sick un lacht. De Arger was fläuten, dei wir bi dat Mäten blewen.

Jette in de Käk nehm den Schötteldauk tau Hand un dacht nah, weckern sei dor mäglicher Wis' 'ne Freud mit maken künn. Aewer dor kem keiner, un de Arger fret sick in ehr rin. Halwig Vörmiddag kem Fru Meistern nah de Käk rin. Sei wir 'ne Seel von Fru. In ehr still Wirken un Wesen, mit ehr geduldigen un sanften Würd weigt üm ehr 'ne sanfte Rauh; sei wir so leif un weikhartig, dat sei keinen en böses Wurd seggen künn un wider keinen hassen un verfolgen ded as de Brümmers. So würd ok Jette as en Kind von'n Hus' hollen.

„Jette", säd sei mit ehr liser Stimm, „ick möt eis mit Fru Jantzen reden, du kannst so lang up't Hus un de Wirtschaft passen." – „Ja, Fru", säd Jette kort. Sei stellt de Käkendör wid apen, so dat sei dat ganze Hus verwachten künn, un't wohrt nich lang, don hürt sei an dat Slurren von de Slarpen, dat de Stammkun'n von't Hus antausnuwen kem. Dat wir de dickfellig un verninsch Schauster Klöpper von de negste Nawerschaft, dei jeden Morgen, den Gott warden let, in Hemdsmaugen un Schausterschört mit en Kanten Speck un Brot bi de Möllerslüd antauluren kem, wo hei sin Frühstück vertehren ded un dorbi ümsünst de Zeitung lest; babenin kreg hei nah oller Gewohnheit en Snaps inschenkt.

De Möllerslüd wiren vel tau gaudmäudig, as dat sei desen lästigen Gesellen afschuwen deden. Jette mücht den Kirl nich liden, dei ümmer äwer ehr wegkek un ehr nich estimiert. Sei lep rasch in de Stuw un verstök de Zeitung. „De Meister utführt?" frög de Schauster, de in bester Stimmung wir, wil hei en por Stewel tau

besahlen kregen hadd. „Weit nich", stöt sei kort rut.
„Fru Meistern tau Hus?"
„Weit nich!"
„Wo is de Zeitung?"
„Weit nich!"
Schauster Klöpper füng an, up sin Brot tau kaugen, un Jette stellt de Stuwendör wid apen, dat de Tog üm den Schauster sinen Kopp spelen ded. Hei stünn up un makt de Dör tau. Jette achter em her un stellt sei wedder apen.
„Mi tögt dat hier", säd hei un wischt mit de Hand äwer'n Kopp.
„Mi nich."
„Sei reden tämlich kattig mit mi."
„Ick red grad so, as mi dat dörch den Kopp schütt. Wenn Sei de Stewel nich paßt, bruken S' em nich antautrecken. Gahn S' annertwegt hen; hier känen Sei gaud mißt warden."
„Ick krieg hier ümmer en Sluck Brannwin."
„Von mi nich! ick bedein kein Frisluckers."
Hopp, sprüng de Arger rüwer nah den Schauster: „Zackerlot, dat möt ick mi von so'n Dirn beiden laten? Ick ward dat Fru Meistern vertellen." – „Mintwegen laten S' dat utraupen. Nu gahn S' fixing; ick möt nah de Käk un kann mit Brannwinsnurrers nich de Tid vertrödeln."
De Schauster fohrt in't En'n, as wenn em 'ne Imm steken hadd, un lep vull Gift un Gall nah Hus. Jette huchelt in sick rin, un nahsten lacht sei lud up: den Stinker eis lostaubören – dornah hadd ehr all längst jipert.
As de Schauster up sinen Schemel set, wull em dat Frühstück nich smecken: dat Mäten ehr Würd hadden em doch mächtig in de Knaken drähnt. De Arger kriegt

jeden unner, ob einer nu König oder Bur, Mann oder
Fru is, hei knep ok den driftigsten Schauster. ‚Dit hett
sei nich ut ehr Eigenheiten', äwerläd hei, ‚dit is en af-
kort't Spill. Dor steckt de Möller achter; dei hett de
Dirn upputscht. Hei hett de Korten mischt, un de Dirn
möt sei utspelen. Aewer ick ward em dat bedillern; ick
ward em dat in de Näs' riwen. Un dor ward nich lang
mit fackelt, dat ward furtst makt. Hadd de Möllermei-
ster nich eis seggt: de junge Kopmann Strunk süll man
leiwerst wat anners daun as äwer de Börgers Rimels
tau maken? Dor leten sick doch en poor Reisters tau
rupflicken? Täuf!' Slimm was dat nu würklich nich,
wat de junge fidele Minsch mit sin Dichtkunst verbra-
ken hadd. Aewer jeden Börger de ganze lange Strat
entlang hadd hei en Vers makt, un dit Rimels füng an:
> *Rüscher hett sin Frau so leif,*
> *Kasten löppt sin Stewel scheif.*
> *Wendel is en armen Bur;*
> *Bollert mit't Gewitterschur.*
> *Eckert rokt up Plummenstein,*
> *Kropp geiht stakkerig up de Bein – –.*

Worüm süll einer ok nich sin Fedder in Dint stippen,
wenn de Geist em kettelt? Dat dorbi en poor swarte
Spritzers up uns fallen, liggt doch in dat innere Wesen
von de Dichtkunst. Wi känen uns dor man nich so rin-
denken. Wo de Dichtkunst sitten sall, dor is in unsern
Bregen en Lock. Dat Schenie drückt uns gewöhnli-
chen armen Sünners an de Wand, dat wi nah Luft jap-
pen. De Lüd hadden ehren Spaß an dat Rimels, un
weck wüßten dat utwennig, un dat wir en groten Er-
folg von dit Wark, wat jo noch kein Gesellenstück sin
süll. Ok Meister Eckert lacht äwer sin Plummenstein,
up dei hei ümmer lutschen ded, wil Toback up sin Mag
'ne ängstliche Wirkung hadd.

Schauster Klöpper set bi de Witfru Strunk, wat de glückliche Mudder von den Stadtdichter wir. De Fru ernährt sick as Putzmakerin von de nigsten Damenmoden. Sei wir berühmt dörch ehren Kunstsinn un ehr peperige Tung. De Schauster hadd noch nich lang vertellt, don burrt de Arger räwer nah de Fru un summt ehr de Uhren vull. Sei würd brunrot in't Gesicht utseihn un kem wider nich tau Wurd, as dat sei einmal mang sin fustdicken Lägen dat Wurd smet: „Dat hett Meister Eckert seggt?" – „Ick will mi furtst insolten laten, wenn 't nich wohr is!" was den Schauster sin Antwurd, „de gaud Meinung, dei Sei un noch anner Lüd von em hewwen, dei em nich so genau as ick kennen, dei is grundverkihrt. Ick kenn em nu äwerst, un mi trecken kein Pird wedder in sin Hus."

De Schauster was jüst weg, don sprüng Fru Strunk wild up un rückt ut, üm ehr Glaut lostauwarden. In en poor Ogenblicken wir sei bi Fru Eckert. „Un dat will ick Sei man seggen", böst't sei los, „min Jung is noch lang nich so'n Rümmerdriwer, as Ehr Mann seggt, un dat is noch lang nich ahn Brill tau seihn, wat ut em rutbräuden deit. Un hei is kein Daugenicks, dei sick alle Nacht rümmerdriwwt un sick mit de Nachtwächters sleiht, un de Burmeister hett em gornich unner Wind, will ick Sei man seggen. Un denn seggen S' ehren Mann, ehrer as min Sähn kem hei noch in't Gefängnis."

„Dat hett min Mann seggt", säd de stille un sanfte Fru Eckert, dei ehr Ogen bi dit Gered ümmer gröter würden un in dei nah un nah de Arger upswulken ded. Sei künn sick woll denken, dat dit all nich wohr wir, wat de schäwsche Schauster de Fru Strunk intrechtert hadd; sei kennt ehren Mann un sin grenzenlose Gaudheit tau genau un wüßt, dat hei keinen Slichts nahreden ded.

„Un denn seggen S' Ehren Mann", trumpft dat Wif tauletzt up, „dat ick em sin Reden begrismulen ward, wo ick Tügen up heww; ick ward em de Grimassen anstriken, hei sall nich vergews minen Sähn allerwegt slicht maken."

„Min Mann?"

„Ehr Mann!"

„Mein Gott!"

In Fru Eckert gärt noch de Arger, as de Strunken längst wedder tau Hus anlangt wir un as ehr Mann up'n Fedderwagen mit de Föß anklabastert kem. Den Meister sin Arger von'n Morgen wir längst verflogen, un in fröhlicher Stimmung kem hei nah de Stuw rin. „Mariken, ick heww Geld inbört", rep hei sin Fru lustig tau. Aewer sin Freud würd rasch afkäuhlt, as sei kräkelig tau em säd: „Wo hest du dinen nigen Rock inrackt! Dat is jo Wagensmer, wat doran sitt. Dat du di ok gor nich beten in Acht nimmst! Nu kann ick stunnenlang riwen un bösten, bet ick em wedder sauber heww. Du kannst einen würklich narrsch maken, Fritz!"

Ratsch! hadd de Arger den Meister bi'n Wickel.

„Wat hett se blot!" brummt hei buten tau sick. „Ick hadd würklich up en betern Empfang rekent. Irgendwer möt ehr argert hewwen, un nu möt ick dat utbaden. Ut de Frugens ward einer niemals klauk."

De Arger hadd sin Rundreis' bi em anfangen un wir nu glücklich wedder bi em anlangt. Rund is de Welt.

Einfach

'ne lütt Gesellschaft makt en Utflug äwer Land un kem in bester Stimmung in'n Dörpkraug an. De rik Herr Otto wull sinen Geburtsdag fieren un wat upgahn laten. Hei verlangt de Winkort von'n Wirt. „'ne Winkort heww ick nich", säd de Wirt, „dei ward hier tau wenig verlangt."

„Aber guten Wein hewwen Sei doch?"
„Dat 's gewiß!"
„Welche Sorten haben Sie denn?"
„Wat Sei verlangen."
„Na, na, haben Sie denn Hochheimer?"
„Dat 's gewiß!"
„Auch Oberemmeler und Lieserer?"
„All 's, wat Sei hewwen willen!"
„Das ist großartig! Bringen Sie uns eine Flasche Erdener Treppchen!" – „Ward furst besorgt!" De Wirt kem bald wedder antreckt, in ein Hand de Winbuddel, in de anner 'ne Zigarrenkist. Hei stellt beides up'n Disch un säd: „Hier in de Zigarrenschachtel sün de Etaketten von all Orten Win in. Säuken S' sick sülwst ut, wecker Sei hewwen willen; ick back sei denn up!"

En ganzen Grisen

Krischan, wat de Kutscher bi Herr Dokter Lembk wir, kek nah de Dör von't Sprektimmer rin un säd: „Herr Dokter, in't Wartetimmer sitt en Kirl mit en langen Hals, de rokt so'n stinkerige Zigarr, dat de annern Lüd gor nich ut't Hausten un Snuwen rutkamen. Sall ick em rutsmieten?"

„Dor sall doch de Dunner", säd de Dokter un güng sülwst nah't Wartetimmer. „Wat's dit för'n Gestank hier?" fohrt hei den Mann mit den langen un magern Hals an. „Schämen Sie sich nich, Mann? Hier dörft nich rokt warden. Furst laten S' de Zigarr utgahn. Kamen S' glik mit mi."

Fuhrmann Pläter hinkt achter den Dokter her un treckt de Stäwel un Strümp ut.

„Gott du bewohr mi", säd de Dokter, „wo seihn de Beinen ut! Wovon hewwen Sei dat?"

„Min Pird hett mi an de Schänen slagen."

De Dokter wascht de slimmen Stellen ut, bearbeit't sei mit Salben un läd Verband üm, tröst't den Mann un säd, up vier Wochen süll hei sick man gefaßt maken, ihrer wir't nich heil.

„Wenn't äwerhaupt man heil ward, bün ick dusendfroh", meint de Fuhrmann un söcht in de Rocktasch, wo hei en Zigarrenstummel rutfischt kreg. „Gewen S' mi beten Füer, Herr Dokter."

De Dokter wüßt nich, wat hei tau so'n Unverschamtheit seggen süll; äwer häglich kem't em doch vör, he wist mit'n Dumen nah de Dör un säd: „An'n Fridag kamen S' wedder."

Pläter stellt sick an'n Fridag wedder in, kreg en nigen Verband, un nah vier Wochen wir de Schaden utkuriert.

„Sei können mi 'ne Reknung utschriwen", säd de Fuhrmann. „Sei hewwen sick so vel Mäuh mit mi gewen, dat ick Sei gor nich naug danken kann. Un dorför gebührt sick dat, dat Sei ok gaud anschriwen. Ick weit, wat sin möt – tau anständig Wor paßt anständig Pris."

De Dokter schrew em 'ne Reknung äwer 110 Mark ut. „Sei möten bedenken, dat mi dat Verbandstüg mit alls, wat dortau hürt, sülwst 80 Mark kost't hett."

„Dat is mi nich in'n geringsten tau vel", säd Pläter, „ick wir mi noch 'ne vel grötere Reknung vermauden un hädd gewiß nicks dortau seggt. So vel Geld heww ick äwerst nich bi mi. Wo freugt mi dat, dat Sei einen nich furtst den Hals afsniden. Wat früher de oll Dokter Busch wir, dei wir nich so blöd. Dei hett mi wegen 'ne Rippenfellentzündung 'ne gepeperte Reknung utstellt, dat mi Luft un Aten wegblew: 150 Mark – nehmen Sei blot mal an! Ick bün dreiviertel Johr krank west un bün amböstig blewen."

„Ja, ja", säd de Dokter un klingelt. Un Pläter wüßt, dat't nu Tid wir tau verduften.

Hei söckt mit sin Reknung driwens af, nich nah Hus hen, üm dor Geld tau halen, ne, nah den riken Afkaten, dei en Fründ von Dokter Lembken wir.

Hier sett't hei en wehleidig Gesicht up und stähnt den Afkaten wat vör. Sin Pird hädd em slagen, un dat kost't em äwer hundert Mark, mihr wir dat oll Kreatur ok nich wirt. Beten hartlich hädd Dokter Lembken woll rekent; äwer hei müßt jo ok lewen, indeß künn hei mit arm Lüd doch ein Inseihn hewwen. Dat dat tau dür wir, wull hei jo grad nich seggen, äwer em wir doch Luft un Aten wegblewen, as hei des' 110 Mark lest hadd. Ob Herr Afkat beten taustüren künn; denn 't wir em pinlich, Geld schüllig tau bliwen; äwer schaffen künn hei't nich!

De Afkat gew em teihn Mark. Buten bekek sick de Slusuhr dat Geld noch eins, schüttelt den Kopp un säd blot: „Dat's man filzig! Twintig hädd hei ümmer springen laten künnt!"

Un nu güng hei nah'n Burmeister un redt von Unglück, wat em drapen hadd, un von Halsafsniden un nehm ok teihn Mark in Empfang, woför hei sick teihnmal bedankt. Ne, dit dühst nich! dacht he un besöcht 'ne oll Dam, de wegen ehr gaud Hart un Gesinnung bekannt wir, 't wir 'ne oll Baronin, de in de Stadt lewt. Hier slög hei de Ogen dal un klagt äwer de hart Prüfung, dei de leiw Gott em uplegt hadd; wo't dat antaugahn wir, dat hei ut des' Schuld kem, dat wüßt hei nich, em künn keiner Slichts nahseggen, un so swer as em des'

Gang ok würd, so wüßt hei sick doch keinen annern Rat. Un dorbi wist hei de Reknung, un de Baronin langt wat deiper in'n Geldbüdel.

So drawt dei Fuhrmann wider, twei Dag lang von morgens bet abends, un sin Pird hadd Rauh un slög orig mit'n Swanz nah de Fleigen. Pläter let alls tau Ader, den jungen Paster un de jungen Witfrugens, den hochnästen Murermeister, dei nich trüggstahn wull gegen Burmeister un Afkaten un den Timmermeister, dei em wisen ded, dat hei mihr künn as de Murermeister, un tauletzt kem dat lütt Volk an de Reih, Slachters un Bäckers, dei mit twei un drei Mark in de Bucht sprüngen. Dit wiren gesegnete Dag för den Fuhrmann, un as hei den tweiten Abend uptellt, wiren 't tweihunnertfiefundörtig Mark worden. Pläter wir taufreden, strakt sin Pird un säd: „Süh so, oll Grete, nu kriegst du Gesellschaft!"

Un richtig köft hei sick den negsten Dag noch en Brunen tau, so dat hei grötere Fuhren annehmen un mihr Geld verdeihnen künn.

Dor wir noch kein Woch in't Land gahn, don set Dokter Lembk mal abends in'n Pipenklub mang sin Frünn. De Afkat meint, wenn de Tiden so trostlos blewen as nu, denn künn hei man inpacken un – hierbi kek hei den Dokter up 'ne putzlistig Ort an – hei müßt sick denn von den Dokter Geld pumpen. Dei wir noch de einzig, den sin Weiten wassen ded.

„Woso?" frög de Dokter.

Nu gew de Afkat taun'n besten, wat hei von de stramme Reknung von Plätern wüßt, un nah un nah kem hei bi Frag un Antwurd dormit rut, dat hei teihn Mark utbüdelt hadd, de nu in den Dokter sin Tasch seten. Un as dit einmal ansneden wir, wüßten sei all von de hog Reknung tau vertellen un säden ok, wovel jeder taustürt hadd. Blot Kopmann Markus, dei tau de Gizigen hürt, set besnigt dor, hei schämt sick binah, dat Pläter kein Vertrugen tau em hadd. Dat wir en ganzen Grisen, säd hei.

„Mi wir't leiwer west", säd Dokter Lemck, „wenn de Herren mi sülwst un persönlich dat Geld gewen hädden, un wenn't blot de 80 Mark west wiren, dei mi dat Verbandstüg allein kost't hett! Ick heww den Mann achteihnmal bi mi hadd un dor dörtig Mark för rekent, dat is en Pris, den ick verantwurten kann! Mi schint dat so, as wenn de Kirl mit min Rekning en recht gaud Geschäft makt hett!"

Dat hadd de Muschwiter nu würklich; em füll dat gor nich in tau betahlen. Hei güng den Dokter wid ut'n Weg, wenn hei em irgend gewohr würd, blot einmal lep hei em doch grad in de Arm, as't in de Stadt nich gaud utbliwen kann.

De Dokter stellt em un frög em: „Na, dor sünd Sei jo, sünd Sei wedder orrig up dei Bein?"

„Danke, dat möt gahn, Herr Dokter!"

„Arbeiten Sei all wedder?"

„Ja, ok, äwerst girn noch nich!"

„Pläter, as Sei von mi de Rekning födderten, säden Sei, dat Dokter Busch Sei wegen Rippenfellentzündung 'ne Rekning von 150 Mark utschrewen hadd'. Wir't nich so?"

„Jawoll, Herr Dokter, 150 Mark, so wir't. Nehmen S' blot mal an, wir dat nich unverschämt? Un dorbi bün ick noch amböstig!"

„Hewwen Sei de Rekning denn betahlt?"

„Ne, betahlt heww ick sei nich!"

De Stun'n

„Ick bün nu söstig Johr un will't doch noch up säbentig bringen", säd Rentjeh Brassen tau den Dokter. „Wat maken wi dorbi?"

„Sie müssen jeden Tag mindestens eine Stunde lang die frische Luft genießen!"

„Dat redt sick so licht weg: eine Stun'n lang frische Luft! Ick kann äwerst man nich gahn. Ick bün kortpustig, un de Beinen willen ok nich mihr mit."

„Nun, dann nehmen Sie einen Wagen", röd em de Dokter.

Brassen möt in den suren Appel biten un bestellt sick en Wagen. As hei instegen wir, slög de Kutscher den Schimmel mit de Swep üm de Uhren, dat hei mit alle vier Beinen losbädelt.

„Dau!" rep de Kranke wütend, „nich so fix führen, denn is de Stun'n tau rasch üm!"

Ganz richtig

In en grot Fischerdörp is ne Gastwirtschaft, wo en oll Mann bedeint, de hellschen up de Rott paßt. Sien Ogen sünt allerwegt, un hei is ne Ort Berühmtheit, wiel hei jeden Gast, dei na Hus gahn will, den richtigen Haut inhännigt. Dit würd ok einen frömden Herrn vertellt, dei in de Gaststuw seet, un dei nu uppassen ded; öwer't geschah nich, un as hei sülwst, de Frömde, taun Wegggahn rüsten ded, langt de Upwohrer ut de Masse von Häut em den richtigen rut.

„Woher wissen Sie, daß dies mein Hut ist?" frög de Herr verwunnert.

„Ick weit dat nich", was de Antwurt.

„Ja, warum geben Sie ihn mir denn?"
„Wiel Sei em mi gewen hewwen", säd de Oll, ahn 'ne Mien tau vertrecken.

Dat Strafgeld

Oll Fischhändler Klatt in Stralsund was en verbrukten Mann, dei früher as Daglöhner up'n Lan'n mang Pird un Kauh, achter Egg un Plaug hantiert hadd un nahsten tau Stadt treckt wir, wo hei doch mihr in Freiheit lewen künn, nah sin Meinung wenigstens, un wo hei sick mit'n Fischhandel vörwarts helpen wull. Hei was ne harmlose un einfoltige Seel, dei keinen tau nah kem, wil em ok jederein in Freden lett. Hei führt sin Fisch up sinen ollen, klapprigen Wagen dörch de Straten un hüll oft an, üm mit den Fischkorf in de Hüser tau gahn un sin Wor tau versellen. Dorüm sett't hei sick nich sülwst up sinen Wagen; hei ded dat äwer ok dorüm nich, wil hei dat sin Pird nich an'n Sinn sin wull, em ok noch mit tau trecken. Denn sin Pird was dat, wotau man en Schinner oder 'ne oll Krack seggt, un was doch en utgelaten, lustig Fahlen west, hadd vör stolze Kutschen gahn un wir bewunnert worden, un Herren un Damen hadden em up Hals un Schinken kloppt. Ein Offizier hadd em reden, un nah un nah wir hei de ganze Ledder von't Pirdlewen up- un dalgahn, bet hei nu up dei letzte trurige un trostlose Stuft von vör'n Fischwagen anlangt wir. Dat arme Diert was 'ne Ruin, sin Ogenlicht had sich verloren, sin Fauder wir armselig, dörch de langen Johre vull Last un Arbeit was sin Rüggen insackt, üm de Ogen hadd hei witte Ring, dei dat Oeller mit sick bringt, un 't wir an sinen mäuden un sleprigen Gang tau seihn, dat't bald mit em vörbi sin würd. Stump un langsam, Schritt vör Schritt stamert dat Pird up sine kraftlosen un answullen Beinen äwer den Stratendamm, un blot en Pitschenslag bröcht em in'n Gang. All't anner rührt em nich.

Klatten sin Kundschaft wahnt in de engen un afgelegen Straten, dor häkert hei sin Borß un Hiring, Hurnfisch un Flunner ut, un hei let sick dat nich nehmen, mit de Husfrugens en verstännig un tautrulig Wurt tau reden.

„Vel kolt un frisch buten", säd hei in de Käk von Fru Leistmann un slög sick de Arm üm'n Liw, „ick weit all, Sei köpen mi för twei Gröschen Hiring af; hüt kann ick fif Stück gewen!"

„Ick bruk hüt würklich kein, Klatt!"

„Ehr Mann et sei so girn abends frisch gebraden tau Brot mit'n lütten Kurn dortau, Sei nähmen mi för twintig Penning af; ick möt min Wor doch los warden! Wat Sei nich upeten, leggen Sei sur in mit beten Zucker un Lurbeerbläder un Zipollenschiwen, Sei weiten jo! Fru Volkstedt hett för viertig Penning köft, un Fru Hempel nimmt ok jedesmal för twintig. Sei seggt ümmer, min Hiring sünd beter as as dei von'n Markt! Wenn ick Anno säbentig, as ick de Franzosen nah Paris trügg schüchert, blot einmal son Gericht hatt hadd, äwer dei kreg nich einmal min Hauptmann unner de Näs'!"

So jungelt de olt Mann, un Fru Leistmann würd mör un nehm em för twintig Penning af. Hei güng so hastig, as hei man künn, de Trepp dal un wull eben in't Nawerhus sinen Besäuk maken, as en Polizist up sin langen Beinen angestakt kem un em nah sick ranwinkt.

„Was ist denn das?" frög de Mann in'n Helm.

„Dit?" frög Klatt. „Dit is min Pird un Wagen!"

„Ach was, Kikelkakel! Sie haben das Pferd nicht abgesträngt!"

„Dat is bi min Pird doch nich nödig!" säd de Fischhändler un nehm von de Strat en Stück Poppier up, üm tau wisen, wo sihr hei up Ordnung hüll.

De Polizist antwurd nicks, halt sin Notizbauk ut sinen Bussen un schrew dorin.

„Dat möt sick doch wedder grad maken laten!" säd Klatt.

„Ich habe keine Zeit!" gew dei Mann för Recht un Ordnung tau Antwurd un kek nah alle vier Win'n, ob dor noch mihr Sünners un Missetäters uptaugripen wiren.

„Ick bring Sei morgen en Gericht frisch Hiring, dat kann Ehr Fru Sei tau Abendbrot braden, äwer en lütten Kurn hürt dortau!"

De Polizist kek em stur un stif an un güng sin Weg.

Klatt atent up un dankt den leiwen Gott in'n stillen, dat hei so gnädig afkamen wir. Hei strängt nun sin Pird ümmer af, as't sin sall. Beter is beter, dacht hei.

Den annern Morgen kreg hei Besäuk von den Mann mit de langen Beinen un blanken Knöp, de em tau Vernehmung nah't Rathus henbestellt.

„Ach du leiwer Gott, nu sleih't Gewitter in'n Teeketel!" säd Klatt. „Is dat von wegen gistern?"

De Polizist wir so gnädig tau nickköppen, un Klatt makt sick in'n Schausterjungendraww up'n Weg nah't Rathus, wo hei denn bald vör'n Burmeister stünn.

De Burmeister was nu ein von de besten Minschen, dei jemals up twei Beinen äwer dei Ird marschiert sünd; hei hadd en gerechten un minschenfründlichen Sinn un wir gegen de Armen desülwig as gegen dei Vörnehmen. Vele wüßten, dat hei in'n stillen Gauds ded un dat hei för de Armen nich blot mitledig Würd hadd, dei jo so billig sünd as sentimentale Gefäuhle, de nicks kosten. Ne, hei hadd för de Armen ok en vullen Geldbüdel, un männigein, dei't am En'n gor nich verdeint, hadd Wolldat un Hülp ut sin Tasch genaten. Klauke Lüd, dei för dei Armen un Elenden schöne Würd un kahle dröge Redensorten hewwen, dei ehr Hart fast tauslaten is, dat dat Mitgefäuhl mit den Nächsten sin Sorgen nich rin kann, so'n Ort Lüd säden, dei Burmeister wir leichtsinnig un künn nich hushollen. Un doch wiren all sin velen gauden Warke, so lütt sei enzeln ok wiren, ebenso vel wirt as de Siege von Feldherren.

Des' herzensgaude Mann frög den Fischhändler: „Wie heißen Sie?"

„Klatt – vörn mit 'n K, Herr Burmeister!"

„Sind Sie schon vorbestraft?"

„Ne!" säd Klatt.

„Sie werden nun aber eine Strafe bekommen! Gestern haben Sie Ihr Pferd nicht abgesträngt, und das kostet drei Mark!" säd dei Burmeister.

„Ach Sei! Dor maken S' man en Strich dörch! So riw heww ick dat nich in de Welt, dat ick dorför en Daler weggewen kann. Ick bün Bäcker Schröder noch en Daler schullig, un dei müßt denn doch vörgahn!"

„Das ist Ihre Sache! Polizei-Verordnungen werden darum in die Welt gesetzt, daß man danach handelt!"

„Kiken S' sick min Pird doch irst mal an, Herr Burmeister, dat kann mit sin stumpen Tähnen kum noch dat beten Fauder kaugen, un lopen kann't äwerhaupt nich! Dat dämelt man ümmer Faut vor Faut de Strat entlang! Ick bring Sei en Gericht frisch Hiring umsünst, dei känen Sei abends gebraten ut de Pann eten, tau Brot smecken sei am besten, wenn dor en lütten Kurn bi is!"

„Das ist ja die schönste Beamtenbestechung", antwurdt de Burmeister mit en kräftig Lachen.

„Ich trinke übrigens keinen Korn, müssen Sie wissen!"

„Dat kann ick mi woll denken! Dat fine Volk trinkt Punsch mit 'ne Zitron un Meschat oder anner vörnehm Supels un börnt sick dormit bi de Traktatschen, wo all dat vörnehme Hackmat sitt! Aewer", säd de arm Schelm mit knäglicher Stimm, „wo känen Sei sowat von Bestekung reden! Dat is doch blot 'ne Gefälligkeit von mi; ick kann min Fisch doch an en gauden Fründ verschenken, wenn ick up'n Dag ok man knapp twei Mark verdeihn, un wenn't köstlich is, mal föftig Penning mihr. Dorvon sälen negen Personen lewen, nehmen S' blot mal an. Säben Kinner sall ick grotmaken. Dor hett'n jo knapp dat Solt up't Brot!"

„Salz und Brot macht Wangen rot, sagt man!"

„Ja, äwer von't gaude Botterbrot is ok noch keiner blaß worden. Aewer dortau kem'n nich oft! Bi Dalers giwwt 'n dat Geld ut, un bi Gröschens kümmt dat wedder in, un alls is so dür, Brot un Botter, un de Häuhner willen nu ok nich mihr so billig leggen! Ick heww kum 'ne heile Bücks för Sünndagsch, un in'n Hus' geiht man schrag her! Un nu willen Sei mi noch den Profit von twei Dag wegsnappen! Un babenin heit dat bi dei Nahwerslüd: Hei is bestraft! Denn heww ick minen Klack weg för't Lewen! Ick heww doch minen Katarakter! Ick heww bi all min beten kümmerlich Brot mi noch nich eins en Diebstahl versünnigt oder en Dialekt verbraken!"

„Armut ist keine Schande, Klatt", säd de Burmeister. – „Ne, 'ne Ihr äwerst ok nich! So 'ne vörnehmen Herrn geiht dat mal glatt von'n Mund: Armut is kein Schan'n. Aewerst Sei süllen't man weiten, wo einen tau Maud is, wenn dat Portepee ümmer leddig is. Un dat drückt mihr as en vulles."

„Darin haben Sie recht! Ihre Theorie wirft die ganze Physik über den Haufen! Wenn Sie die Strafe nicht zahlen können, so können Sie auch einen Tag sitzen!"

„Ne, ne!" rep Klatt verstürt un wehrt' den Gedanken an't Sitten mit de Hand af. „Ick heww Anno säbentig de Franzosen nah Paris trügg stöwt un heww dat hürt, dat de Franzosen nahsten schrigten: Allong, fatt an de Batterie! un heww kein Angst dorbi utstahn; äwer vör't Insitten heww ick Angst. Dortau bün ick nich qua-, seggen S' mal wider!"

„Meinen Sie qualifiziert?"

„Ja, ja, so is't! Dortau bün ick nich qualinfiziert! Ick bün nich eins inspunnt worden un heww äwerhaupt noch nich eins Splett mit minen Hauptmann hadd, as ick min Wesen as Grenadier bedrew, un't was doch en rechten Kuhnhahn von Hauptmann, dei einen furtst in'n Kasten stek, wenn'n bi't Rebellblasen nich furtst up de Beinen wir. Aewerst wat was ick ok damals för en forschen un schiren Soldat, stur as en – en –"

„General, nicht?"

„Woans?"

„Ich meine, Sie hatten die Allüren eines Generals!"

„Wo vel Allüren hett so'n General?"

De Burmeister müßte lachen un frög em: „Können Sie denn noch französisch sprechen?"

„Ne, up't Französisch is min Tung nich inricht't! Na, nu reden S' vernünftig, Herr Burmeister, un laten S' mi lopen. Sei möten einen nich so dwas äwerfideln mit Betahlen un Insitten! Wi lewen doch nich in Rußland, wo'n üm so'n Kleinigkeit furtst afmurkst ward! Ick will jo girn in Freden lewen; äwer denn möt de Polizei mi ok kein Hun'nhor dormang smiten.

Wer hett sick eigentlich so 'ne Polizei-Verordnung utdacht, dat ick hier vör't Brett möt un Sei einen tau grugen maken! Sei känen mi jo mit'n Handstock so'n Stücker fif äwerstraken laten, denn is de Sak ut de Welt!"

„Das wäre russisch, lieber Freund! Gerechtigkeit und Recht müssen das oberste Gesetz sein. Wenn ich bei Ihnen das kleine Vergehen durchgehen ließe, so würde sich jeder mit Recht darauf berufen! Machen Sie also, was Sie am besten dünkt!"

„Ick kann doch nich betahlen un ok nich sitten! Un nu gor wegen min Pird!"

„Das hätte aber weglaufen können!"

„Ne, dat kann dat nich!"

„Es ist doch gesund!"

„Ja, dat woll! Blindzünddarm hett't noch nich hatt, äwer Rönnbegier hett't ok nich! Hiermit is de Sak doch nu erledigt?"

„Ich glaube nicht!"

„Na, denn schriwen S' 't beten an, tau Nijohr mag ick woll en Daler hewwen, wenn Sei mi denn de Reknung schicken?"

„So lange warten wir nicht. In acht Tagen muß bezahlt werden."

„Ick heww doch nicks äwrig; ick heww all letzten Sünndag en Klingpenning in'n Klingbüdel smeten un heww't den Paster seggt, dat hei keinen annern in Verdacht kriggt! Un snurrt heww ick noch nie nich! Worüm heww ick Anno säbentig, as ick de Franzosen utflunken ded, nich en Schuß kregen, dat ick en Arm verloren hadd as Jochen Teterow! Denn hadd Mudder woll vel hult un plinst, äwer ick hadd doch min Utkamen as Infalit hatt. Dor sammelt en ümmer för de Aewerswemmten – för uns' Ort Lüd, dei ümmer up't Dröge sitten, müßt sammelt warden!"

„Also es bleibt dabei", säd de Burmeister un gew sick Mäuh, en irnsthaft Gesicht tau wisen.

„Oh, ne! Dorbi kann dat nich bliwen! So dreikantig möten Sei nich mit mi reden! Dat is Gewaltherrschaft!

Striken S' dat ut, wat dor schreben steiht, un schriwen S' dorbi, dat't all in de Hor bedrögt blewen is. Gegen all't anner prumstier ick!"

„Na", säd de Burmeister. „Sie sollen nicht protestieren, Klatt!" Hei treckt sinen Geldbüdel un gew den Fischhändler einen Daler. „Damit bezahlen Sie Ihre Strafe!" säd hei wider, „un strängen Sie Ihr Pferd in Zukunft regelmäßig ab. – Wenn's Ihnen einmal schlecht geht, so kommen Sie zuerst zu mir!"

De oll Klatt nehm dat Geldstück, un sin Ogen glänzten un lücht'ten. „Sall ick den Daler würklich hewwen?" frög hei un föt den Burmeister an'n Rocksknop.

„Versteht sich, Sie haben ihn ja schon!"

„Hm – ich dacht man, dit künn ok Bestekung sin. Aewersten dat is woll nich an dem! Sei seihn nich so ut, as wenn Sei einen in't Unglück störten willen. Sei willen mi ihrlichen ollen Mann blot ut de Plamsur helpen, un dat Oeller möt'en ihren! Ick dank ok velmals!"

„Ganz recht!"

Klatt güng af.

As de Burmeister sick etzliche Wochen späder bi'n Polizisten erkundigte, ob de Sak ut de Welt wir, gew de Polizist tau Antwurd: „Zu Befehl, Klatt hat einen Tag Haft abgesessen!"

„Auch gut!" säd de Burmeister, „er bleibt darum doch ein Ehrenmann!"

Gaude Hülp

Uns' oll brav Schirensliper Henschel steiht verklamt un miströstig vör sin Husdör un kickt de Strat entlang, as de Paster vörbigeiht un em fragt: „Warum stehen Sie denn so betrübt da?"

Liebe Bücherfreundin, lieber Bücherfreund,

Sie haben ein Buch in einem unserer Stöber-Treffs gekauft oder geschenkt bekommen?

Das freut uns sehr, denn alle Bücher, die uns gespendet wurden, sollen im Idealfall ein neues Zuhause finden.

Und wer kennt das nicht? Längst ausgelesene oder vergessene Bücher, die nur noch als Dekoration im Regal stehen, stauben still vor sich hin.

Sollten bei Ihnen oder in Ihrem Bekanntenkreis solche vergessenen Bücher existieren, geben wir diesen Exemplaren gerne ein vorübergehendes Zuhause.

Mit jeder Ihrer Sachspende helfen Sie nicht nur Langzeitarbeitslosen eine sinnvolle Beschäftigung zu verschaffen, sondern geben auch Gebrauchtem eine neue Chance!

Viel Spaß beim Schmökern!

Gefördert durch: Landeshauptstadt Hannover

Stöber-Treff

www.werkstatt-treff.de

vielfältig - preiswert - nachhaltig

03/2020

Accessoires	Antikes	Bilder	Bücher
CDs	Dekoartikel	DVDs	Elektrogeräte
Fahrräder	Haushaltsgegenstände
Kleidung	Lampen	Möbel	Schmuck
Spielzeug	Textilien	Werkzeug	uvm.

Stöber-Treff HAINHOLZ
> unser soziales Kaufhaus

Rehagen 8
30165 Hannover
Tel.: 0511 2700769

Große Bücherauswahl

Öffnungszeiten: Mo - Fr: 10 - 18 Uhr · Sa: 10 - 16 Uhr

Stöber-Treff SAHLKAMP
> unser soziales Kaufhaus

Schwarzwaldstr. 33A
30657 Hannover
Tel.: 0511 920636-36

keine Kleidung

Öffnungszeiten: Mo - Fr: 11 - 18 Uhr · Sa: 11 - 16 Uhr

Stöber-Treff STÖCKEN
> unser soziales Kaufhaus

Weizenfeldstr. 62
30419 Hannover
Tel.: 0511 97939977

keine Elektrogeräte und Möbel

Öffnungszeiten: Mo/Do: 13 - 18 Uhr · Di/Mi + Fr/Sa: 10 - 15 Uhr

---

Stöber-Treff WERKSMEILE
> unser soziales Kaufhaus

Helmkestr. 20 (Hof)
30165 Hannover
Tel.: 0511 3003958-46

**Exclusivartikel
Holz
Shabby Chic
Upcycling**

Öffnungszeiten: Mo - Fr: 10 - 18 Uhr · Sa: 10 - 16 Uhr

„Ach, 'is nicks mir in de Welt, Herr Paster", seggt Henschel, „kiken S', sös Hüser hett sick en anner Scherensliper set't, en jungen Kirl, un de nimmt mi alle Kundschaft weg! Ick bün old un bald verbrukt un kann nich mir so fix arbeiten as en Jungen. So möt ick hier nu rümstahn un mulapen."

„Nun, Sie guter Alter", fängt de Paster mit sin Trösten an un radt em, flitig tau beden, de leiw Gott würd gewiß helpen, denn Gott verlett de Frommen nich.

Na etliche Wochen geiht de Paster mal wedder de Strat entlang un süht den ollen Schirensliper, dei lustig vör sick henfläuten deit.

„Nun?" seggt de Paster, „Ihnen scheint's ja besser zu gehen; hat der liebe Gott geholfen?"

„Ja, Herr Paster, ick heww tau em bedt, un de nieg Schirensliper is hüt morgen dod blewen."

En lütten Irrtum

Bi dat junge Poor is wat Lütts ankamen, un nu is Döp. Alle Paden un de äwrig Gesellschaft stahn üm den Döpdisch; dat Kind slöpt in den Arm von en Paden. De junge Paster, de tau'n irsten Mal sin Amt verrichten deit, red't gaude Würd von Mudderleiw un Öllernpflichten un verliert sick in Utsichten för de Taukunft von dat junge Minschenkind. Hei tellt up, wat all ut so'n leiw Gör warden kann. „Wenn'n de Gaben un de Lust dortau hett, kann hei en Amtsrichter warden un Recht spreken. 't is äwerst ok mäglich, dat hei sick mit Theologie bemengen un denn nahsten as Paster för de Seelen sorgen will. Oder steckt en gewaltigen Seemann in em, de einmol mit en Riesenschip äwer'n Ozean föhrt?"

De Ogen von de Öllern warden ümmer grötter, de Paden vertrecken den Mund un biten sick up de Lippen. Un nu is de Red tau En'n.

De Paster nimmt den Zettel von den Disch, up den de Namen von dat Kind stahn, un lest af: „Ich taufe dich: Marie Mathilde Johanna Ottilie."

Krischan in't Kaffeehus

„Krischan", säd Herr Doktor Lembk tau sinen Kutscher, as sei unnerwegens nah en Landbesäuk wiren, „du hast mir vor kurzem erzählt, daß du wieder mit einem Mädchen angebändelt hast, wie stehst du jetzt damit?"

„Sie meinen mit Tile?"

„Wo sei heit, weit ick nich!"

„Ja, Tile heit sei. Oh, mit dei bün ick gaud in Gang'."

„Is sei en hübsches Mäten?"

„Ja, för mi is sei recht gaud."

„Wist du ehr frigen?"

„Ick glöw woll, ehr Mudder hett ehr seggt, sei sall sick verheuraten."

„Wenn man nich mit di, denn is't ok ganz verständlich."

Krischan sweg still un grüwelt nah.

„Na", säd de Dokter, „wat söchst du för Rimels? Woans süht sei denn ut?"

„Sei hett en wat breiden Mund. Wenn sei mi en Kuß nah't Gesicht rinbackt, dat's so vel, as wenn'n von 'ne anner en half Dutz krigt."

„Un wo küssen ju jug?"

„So as't sick grad trefft. Gistern abend wull ick girn nah'n Holt gahn, äwer sei hadd kein Lust."

„Sei hadd woll Angst vör di?"
„Oh – dei hett vör'n ganz Regiment kein Angst! Ne, sei hadd sick fin utklöstert un hadd sick kunfermiert mit Adekolong."
„Du meinst parfumiert?"
„Ja, so heit't. Ick künn nich up dat rechte Wurd kamen, dat is so'n heit Weder."
„Un wo sünd ji denn afblewen?"
„Dat raden S' in Lewen nich, Herr Dokter. In't nig Kaffeehus an'n Markt hett sei mi hentorrt. Dor würd Musik makt mit Klawier un Fidel. Musik is 'ne feine Sak, nochtau, wenn sei so lud is, dat wider keiner as de Nawer versteiht, wat'n seggt! Wenn ick likerst männigmal eis tau lud snacken ded, denn peddt sei mi up'n Faut."
„Worüm denn?"
„Dat ick't Mul hollen süll! Oh, sei's 'ne klauk Dirn! Dei brukt'n nich irst tau fragen, wovel Knoplöcker ehr Mudder in't Hemd hett."
„Wat hewwen ju dor noch wieder makt?"
„Oh, wi hewwen dor seten un Kaffee drunken un Kauken eten un nahsten hewwen wi noch Bier un Likör drunken."
„Dat möt en schön Stück Geld kost't hewwen", meint de Dokter.
„Vier Mark", säd Krischan.
„Nich mihr?"
„Ne, mihr Geld had sei nich bi sick."

De grote Bidd

Sei sitt em tau'n irsten Mal up'n Knei – oh, des' Seligkeit! Sei hewwen all oft tausam seten – ganze Abende, un hewwen sick lis wat vertellt, all't mögliche, blot von ehr grot Leiw hewwen sei nich spraken. Dei Leiw is äwer ehr kamen, sei weiten nich woans un wennihr, sei kiken sick glücklich in de Ogen, as sei em up'n Knei sitt, schu un schamhaft hett hei sin Arm üm ehr Liw leggt, un hei hölt ehr wiß; hei rüggelt un rögt sick nich, hei trugt sick knapp, Atem tau halen. Nicks rührt sick üm ehr, ehr Seelen gahn inenanner äwer, sei fäuhlen sick as en einzig Wesen.

So sitten sei all länger as twei Stunnen in den gollen Drom von Leiw, blöd un trüghollen, blot af un an mal drückt hei ehr mit sin Hand beten faster an sick. Endlich geiht dat nich anners: hei möt spreken.

„Lising", seggt hei, un in sin Og liggt 'ne gewisse Unrauh, 'ne Ort stille Weihdag, „Lising, wurdst du mi woll en Gefallen daun?" – „Wat hest du denn, du leiwer Jung?" flüstert sei. „Ick weit nich, ob ick di dat an'n Sinn sin kann," seggt hei verlegen, „ick weit nich, ob ick mi dat trugen dörf, äwer ick glöw, dat is beter, wenn du dat weitst!" – „Äwer wat is dat denn?" frögt sei ängstlich. „Ach, Lising, glöw mi tau: wenn ick di dat segg, denn dau ick dat blot, wil mi dei Ümstän'n dortau driwen. Ick heww lang in Bedenken stahn, di dat tau seggen, äwer't geiht nich anners; ick heww alls gründlich äwerleggt."

„Ja, ja, man rut dormit!" stamert dat Mäten, dei de Knei bewertet. „Wat willst du von mi?"

„Ick möcht woll, du settst di eis up minen annern Knei; du weggst din Punnen, Dirn, un dit Knei is mi inslapen!"

Dat Drinkgeld

In uns' upverklärten Tiden is dat gor nich anners mäglich, as dat einer sin Näs in alle mäglichen Ding steckt, wenn hei mitsnacken un en halwwegs gebildten Minsch sin will. Ick gah süs, wenn ick mal ein von min groten Reisen nah Stralsund oder Rostock mak, de Sehenswürdigkeiten nah Kräften ut'n Weg, un ick kann äwer den berühmten Rostocker Pingstmarkt un de Stralsunner Vagelstang nich mitreden, un mi is veles verborgen, wat dor süs noch an Berühmtheiten un Heiligtümern assistiert. Am leiwsten legg ick mi mit en por Frün'n in en Lokal vör Anker, wo ick dat Water seihn kann, un denn kik un hür ick mit echt lüttstädtscher Nigligkeit tau den schönsten Arger von min grotstädtschen Frün'n up dat Stratenleben un freug mi, wenn de Aalwiwer sick schellen oder de Jungs ehren Putzen driwen.

Un so sitt ick eines Dags mit minen Fründ Otto Bormann in Warnemün'n un aderkaug un frag em, ob hei den Grafen bi Namen kennt, dei eben mit de Baronin von unsern Nahwersdisch upstahn wir, un hei antwurdt mi, dat dat en Rostocker Snidergesell mit en Deinstmädchen wir.

„Un nu dauhn S' mi den Gefallen, Fründ", seggt hei wider, „un fragen S' un horchen S' nich up jedes Wurd, wat hier seggt ward, un kiken S' nich jeden Dämelklas nah, dei hier vörbi geiht, un laten S' dat ewige Gefrag! Desen Snidergesellen kenn ick taufällig, de annern Lüd kenn ick ebensowenig as Sei. Ick will Sei en Vörslag maken! Seihn S', dor liggt'n statschen Damper, dei gistern von Rußland inlopen is. Den willen wi uns beid beseihn, hei is dat wirt, as mi seggt is. Denn känen Sei sick bi den Matrosen, dei uns führt, richtig un gründlich utfragen!"

„Ick verstah man nich recht rußsch!" säd ick.

„Dat is uck en dütschen Damper, as Sei an de Flagg seihn känen, un hergahn deiht dat dor mit en Drill, dei mit richtig preußsch Blau anstreken is!"

„Gradut geseggt", säd ick, „ick finn mihr Freud an Minschen as an so'n Schipp –"

„Ei wat", gew hei tau Antwurd, „en gebildt Minsch möt för alls Intresse un an alls Freud hewwen känen, kurz, er muß die eigenen Wünsche einer Idee unterordnen können!"

„Wecke is de Idee?" frög ick.

„Dor fragen Sei all wedder! Kamen Sei mit?"

„Na", segg ick, „denn in Gottes Namen! Ick will Ehr Achtung nich verlieren, un so'n Schipp is jo am En'n würklich en Gegenstand, wo einer – ick mein likerst – oder ihre gewissermaßen –! Kort, wi gahn up't Schipp! Abgemacht! Sela!"

Wi peikten beid af un stünnen uck bald vör en Mann mit 'ne blage Jack, dei baben so wid utsneden wir, as dat bi Balldamen Mod is. Blot dat kann ick ehrlich seggen, dat de Balldamen des' Dracht riklich so nett kledt as de Matrosen, un dat 'ne witte Farw bi dat minschliche Fell riklich so apptitlich un verführerisch lett as so'n Zigeunerbrun. Äwer so forsch un mit so'nen eleganten Entenbagen hew ick noch kein Dam up'n Ballsaal utspigen seihn, as des' Mann künn.

Na, des' Mann wenkt en Matrosen ran un säd em, hei süll uns dat Schipp wisen. Ihre ick nu de inneren Bewandtnisse von den Damper tau seihn kreg, speg ick uck eis äwer Burd, un de Mann schint dormit taufreden tau sin; denn äwer sin drög un hart Gesicht flög en helleren Schin.

Nu güng de Besichtigung los. As wi nah de elektrisch Maschin runnerstigen wullen, müßten wi de Taschenklocken afleggen, weil sei süs magnetisch warden deden.

„Bi mi is kein Gefahr", säd ick, „dat is ehr noch nich eis passiert", un ick wist den Matrosen min Klock.

„Gott bewahre", säd hei, „dat is wull ein von'n ollen Ihrgistern, oder sünd dat drei in ein Gehüs'?"

„Ne", säd ick, „dat is man ein, dat is en Arwstück von minen seligen Großvadder!"

„Sei süht uck sihr selig ut", säd de Mann un lacht un verwohrt sei mit Bormannen sin.

Wer wegen 'ne Idee un Wissenschaft elektrische Anlagen besehn will, den rad ick, dat bliwen tau laten, wenn de Treppen all so steidel sünd as in dit Musterschipp. Ihre ick mi dat verseg, kreg ick dat Rutschen, un ihre de beiden annern sick dat versegen, hadd ick mi vör ehr Beinen dalsett't, ohn dat ick de geringste Absicht dortau hett hadd.

„O!" säd Otto Bormann.

„O du je", stähnt ick, „min nig Bücks!"

„Ach", beruhigt' mi de Matros', „dat is nich gefährlich, dat giwt höchstens en por Fettplacken!" Na, ein Trost wir dat jo, un wat för einen!

Wat de Mann nu all von Dynamo erklären ded, hew ick, glöw ick, all verstahn; mi is dat nu äwer wedder ut't Gedächtnis kamen, un ick will nicks dorvon schriwen. Blot dat ein Deil hew ick behollen, dat bi dat elektrisch Licht kein Petroleum brukt ward, as bi uns' Stratenlüchten.

Bormann bekek un berök un beknäwelt dit all un nahsten in'n groten Maschinenraum uck alls, as wenn dat nicks Erquicklicheres gew as isern Stangen un Räd un Ölgestank.

„Großartig!" säd hei tau mi un schüdd mit'n Kopp.

„Ja!" säd ick un schüddt uck den Kopp, un wegen

dat Unnerordnen unner de Idee makt ick mi uck swarte Fingern.

Nu süll dat nah den Tunnel ringahn, wo de Propellerstang in liggt.

„Ick ward nah de Restoratschon gahn un unnerdes en Glas Bier drinken!" säd ick. Mi kem dat in den Tunnel tau eng un düster un dreckig vör.

Otto Bormann würd unangenehm. „Min leiw Fründ", säd hei, „ick hew alle Achtung vör Ehren Minschenverstand un Ehr Minschenkenntnis, indessen so wenig Interess för de moderne Technik hädd ick Sei nich taudrugt. Aber es gibt Männer –"

„Es gibt auch Frauen, Bormann", säd ick mit en sanften Vörwurf, un wil hei wedder von dat Unnerordnen un de Idee anfüng un ick nicks wider hüren möcht, so läd ick uck minen Haut af, un ick müßt mit'n barften Kopp tauirst nah dat Tunnellock rinkrupen.

Mi dücht dat, as wenn ick dortau uterseihn bün, en annern Dod tau starwen as dörch'n Rippenbruch bi 'ne Propellerwell. Ick bün mit en verstukt Bein dorvon afkamen. Ick müßt mi hier richtig unnerordnen un mi dükern un bücken, as ick dat süs nich mag. Wer mi so'n Tunnelreis' nahmaken will – un ick will girn glöwen, dat min Beschriwung en Ansporn dortau sin kann –, den gew ick den Rat, middwegs genau uptaupassen. En Mehlsack föllt en ganz Deil zierlicher üm, as ick äwer min eigen Beinen up de Näs schöt, wenn dit uck noch so fix güng. Ick rappelt mi, ob noch alls heil wir. Dat min Bein verstukt wir, markt ick an de Weihdag in de Enkel.

As Bormann in de Gegend kem, wo dat unbekannte Reisehindernis wir, rep de Matros' achter em: „Upgepaßt!" Äwer't was tau spät. Hei leg all, un ick hadd min stille Freud doran; denn't giwwt kein heimlichers

Vergnäugen, einen fallen tau seihn, wo einer sülwst legen hett, wat uck in en annern Sinn richtig is.

As wi rutkemen, sett ick mi dal un stähnt.

„Deiht Sei wat weih?" fróg de Matros'.

„Ja!" säd ick.

„Wat denn?"

„Alls un denn de Mag uck noch!"

Bormann lacht.

„Dor is nicks tau lachen", säd ick. „Ick weit nich, ob Sei so'n Bein up de licht Schuller nehmen; jedenfalls geiht mi upstunns wider nicks as min verstuckt Bein in'n Kopp rüm!" Bormann kreg dat Portmonneh rut, wil nu de Besichtigung tau En'n was, un drückt den Mann 'ne Mark in de Hand.

Ick was äwer tau falsch un stähnt blot. Dunn nehm mi de Matros' mit grote Liebreichigkeit unnern Arm un leddt mi de Treppen rup, un nu kümmt de tweit' Deil von dat Vergnäugen, wat uck sihr erfreulich is. De Matros' hadd mi mit so vel Mitleid nah baben schafft, dat ick mi äwer min Hartherzigkeit argern würd un doran dacht, dat de Fettplacken un de Idee un dat verstukt Bein un dat Mitled riklig 'ne Mark wirt wiren, un as ick von em weg un an Land gahn will, dunn stek ick den Mann uck 'ne echte Mark in de Hand. „Adschüs, min gaud Mann!" segg ick.

„Holt", röp dunn de Kirl mit dat dróg hart Gesicht un de nackte Bost, dei noch ümmer baben stünn un speg. „Kamen Sei mal eis her!"

Na, denk ick, wat nu noch? Will dei uck noch wat hewwen? Un ick gah hen nah em.

„Wat hewwen Sei den Matrosen gewen?" fróg hei.

„'ne Kleinigkeit!" säd ick, „'t is nich de Red wirt!"

„Geld?"

„Ja!"

„Geben Sei den Herren dat Geld wedder", säd de Ankerkirl tau den Matrosen, un dei füng richtig an, in de Tasch tau grawweln.

Na, nu kem de moralisch Zorn äwer mi. „Ick hew den Mann dat Geld schenkt", säd ick; un allerwegt, wo nu en Ausrufungszeichen kümmt, kek ick em mit scharpe Ogen an. „Ick hew dat Recht, Geld tau verschenken, verstahn Sei! Sei weiten woll nich, mit wecken Sei tau dauhn hewwen, verstahn Sei! Staatsbeamten nehmen Geller an ut königliche Kassen un Pasters ut'n Opfertöller, verstahn Sei! Worüm süll ick en armen Matrosen, dei sick för mi upopfert hett, verstahn Sei? upopfert! un dei mi tweimal ut Ehr Öl upsammelt hett, nich 'ne Kleinigkeit gewen!"

De Mann hadd apenbor gor kein Ogen för min Ausrufungszeichen. Hei kem in de Fohrt as de Düwel, wenn hei 'n Afkaten halt. „Sei känen vel reden, ihre mi dor wat von gefallen deiht", rep hei, „verstahn Sei! Hier an Burd giwt dat uck en Poingdonnör, verstahn Sei, un Drinkgeller warden nich annahmen, wenn Sei uck all Ehr Staatsbeamten un Pasters upmarschieren laten, verstahn Sei! Wi hewwen hier an Burd 'ne Kass' för arm Matrosenwitwen, dor känen Sei Ehr Geld rinsteken, verstahn Sei! –"

Un tau den Matrosen säd hei: „Finnen Sei denn dat Geld in Ehr Tasch nich? Dat süht jo beängsterlich ut, as Sei dorin rümgrawweln!"

„De Mann behölt sin Geld", rep ick. „Dat is kein Drinkgeld, ick hew em extra seggt, hei süll sick 'ne Wust dorför –"

„Reden Sei nich!" rep hei noch luder. „So dumm bün ick nich, dat ick mi von Sei en Zopp maken lat!"

„Hüren S' mal eis", säd ick, „snacken S' mi kein Lock in'n Kopp un laten S' mi fri utreden! Wi sünd hir in't

Land der Upklärung! Sei weiten woll nich, dat Sei hier up Meckelborgsch Rebeit sünd!"

„Gott in deine Hände", rep Otto Bormann, „regen S' sick doch nich up!"

„Wo kamen Sei dortau, Drinkgeld von den Herrn antaunehmen?" fohrt de Drög midden dormang wedder den Matrosen an.

„Ick dacht –", stamert de.

„Ach, Sei hewwen noch nich eis verstahn, wat Sei denken! – Sall ick Sei säuken helpen?"

De Mann hadd ut sin Bücksendasch endlich fif Penning rutsöcht kregen un gew mi dei.

„Ümmer ruhig", säd ick, „wat is dit för 'ne Benehmiteh! Ick hadd dacht, dat blot vörnehme Lüd so grow sin künnen, äwer von so'n gewöhnliche –"

„Wat denn? Wat wullen Sei seggen?"

„So'n Anroren is jo gegen dat Völkerrecht! Nehmen Sei doch Räsong an!"

„Rösonnier ick Sei noch nich naug?" säd hei.

Schellen wull ick mi nu nich wider mit den Mann. Äwer en Sticken säll hei doch noch hewwen. „Seggen Sei mal", frög ick, „sünd Sei all up Ehr Reisen nah de Minschenfreters kamen?"

„Ja, oft", säd hei, „worüm?"

„Wider wull ick nicks weiten", säd ick, „mi wunnert nu nich, dat Sei ümmer lebendig wedder trögkamen sünd! Sei sünd en ganz ungeneitboren Minsch!" Dormit humpelt ick af, un hei schickt hinner mi en por Flüch her, dei bet nah'n Himmel rin güngen.

Otto Bormann nehm höflicher von em Abschied. „Ich habe die Ehre", säd hei.

„Die Ehre ist ganz meinerseits!" säd de Mann mit en Diener. So was dat End von de Geschicht ganz ihrenhaftig.

51

Ick set noch einige Stunnen an'n Haben un makt Volksstudien un argert Bormannen mit dat Schipp. Dunn seg ick den ollen Matrosen dor vörbi stapeien. Ick rep em an. „Dau! Hei dor! Oll Fründ!"

Hei kem hen nah uns.

„Sall ick Sei 'ne Knackwust bestellen?" frög ick.

„Ne, danke, Herr", säd hei. „Ick hew vör de Pird grote Achtung un Verihrung, solang as sei lewen, äwer dot? – Ne! Äwer en Glas Grog versmad ick nich!"

Hei kreg dat Glas Grog.

„Wir de Mann dor Ehr Vörgesetzter?" frög ick.

„Ja!"

„Hei is jo ein Monstrum!"

„Ne, denn kennen Sei em doch nich, hei is en Stürmann!" Hei drünk in deipe Gedanken von sinen Grog. Un denn noch en Sluck, un noch einen! Dunn wir dat Glas leddig, un de Mann langt uns de Hand tau'n Dank hen.

Otto Bormann slenkert' de Hand un schürt' sei an sinen Rock un düdt' nu mit 'ne Grimass an, dat em de dankbore Abschied weih dahn hadd.

„Weiten Sei", säd de Matros', „de ganz Wirtschaft up't Schipp is up ein Sid ful un möt eis ümkihrt warden! – Äwersten Sei, Herr", dit güll mi, „sünd doran schuld, dat de Mann so'nen Spektakel maken ded!"

„Ick hädd Sei dat Drinkgeld heimlich gewen müßt, ick weit!" säd ick.

„Ne", gew hei tau Antwurd, „em hädden Sei dat gewen müßt!"

En Jubelgreis

De oll Kanter Bernd Rudeknecht hadd sick all vör Jahr un Dag tau Rauh sett't, hadd Schaul und Kirch in'n Stich laten und was nu nah'n Lewenswinter ringeraden. Hei was noch ein ut de olle Tid, wo de wissenschaftliche Supp up de Seminore hellschen dünn kakt würd, un wo de Seminorlihrers sülwst äwer den Tun von achtzig Kirchengesäng' und den Katekismustext nich räwerkiken künnen. Dat güng as de Arwsün'n äwer in den Semeristenbregen, un üm alle Bildung un Gelihrsamkeit, womit hüt de Kopp upplustert ward, güngen de Schaulmeisters in widen Bagen rüm. Wenn sei hüt in ehr frie Tid tau Hus sitten un sick mit Stilosophie, Züchichologie un wo dat Tügs sünst noch heiten mag, dat Leben sur maken, seten sei früher achter de Angel un vör de Immenrümp, güngen in't Heu un nahsten tau'n Bostong un handelten mit Bodder un Eier, dei sei in'n rotgebläumten Snuwdauk tau Stadt bröchten.

Kanter Rudeknecht hadd sinen Posten dallegt, wil en nig jung Paster in de Gemeinde upkem, dei kein Verständnis för de gaude olle Tid hadd un von Leiw un Salwung äwerlep un de ollen Schaulmeisters mit väterliche Vermahnungen un gütige Vörmundschaft unner de Ogen güng. Dat güng den ollen Kanter gegen den Strich, dat künn hei nich verdragen, dortau wir em sin Friheit tau leiw, und hei wir de Meinung, dat hei keinen brukt, de em achter de Bücksen tauknöppen un vörn de Näs' abwischen ded. Dat wull hei allens allein besorgen, un dorüm makt hei sick los von sin Amt, un't gew en grotes Fest, denn de oll Mann was recht beleiwt un angesihn, wil hei allerwegt mit bi wir, wo de Minschen lustig sünd, un wil hei kein Spillverdarwer wir. De Herren von'n Magistrat, de ganze Kirchenrat, de Lihrers un de Kegelklub kemen an den groten Dag mit Reden un Geschenken angeslept, un as sei alls afladen hadden, ladten sei dorför wedder in, äwer kein Leitungswater mit beten Zucker un Zitron, ne, echten ollen Portwin, den sin Sähn Robert ut Kiel mitbröcht hadd. Un Robert was Korvetten-Kaptein, un dei Ort Lüd köpen nich slicht in un weiten, wat sick gehürt.

Nu wiren wedder fif Johr in't Land gahn, un de Korvetten-Kaptein Robert Rudeknecht was wedder ut Kiel tau Besäuk kamen, üm den ollen Herrn sinen säbentigsten Gebursdag mittaufiren un sin Öllern wedder tau bidden, mit em nah Kiel tau trecken un noch tauletzt von't Leben an Freuden un Genüssen tau nehmen, wat noch tau kriegen wir. Denn in so'n lütt Stadt versurt un verkümmt de Minsch, hadd hei oft seggt. Äwer de Oll hedd dorgegen ümmer inwendt, dat en ollen Bom nich mihr verplant't warden müßt. Hei hädd hier so'n schöne, billige Wahnung bi sinen Schauster und hier kem hei gaud mit dat Sinig ut; wo't in Kiel uthaugen mücht, wüßt hei nich, denn em wir't man knapp tausneden. De Sähn hadd denn woll antwurdt, dat de Redensort von en ollen Bom man lahm wir, denn en ollen Bom lett sick recht gaud verplanten, wenn hei mit Vörsicht ut magere Ird nah better rinkümmt un sick allmählich an de betere gewöhnt. Denn gräunt hei von frischen wedder ut, un von wegen de knappen Middel wüßt hei gauden Rat, sei wullen ehren Kram tausamensmiten, un denn süll sick woll alls schicken. Sin Mudder hadd hei dormit all längst rümredt, sei wir gor tau girn bi ehren Herzensjung un ehren Stolz west un hädd sick däglich tau em freugt; äwer de Oll wull nich ut sin oll Läus rut, wo hei so kommod in'n Paßgang wider kem.

Also de Sähn was ok tau Besäuk dor, un wil hei wüßt, dat de Oll grad so as wi annern Sünner ok leiwer nehm as gew, so hadd hei wedder 'ne Kist Win schickt, wedder gauden säuten spanschen Win, dei so tämlich dat best is, wat ut Spanien kümmt; denn dat mit de spanschen Ruhrstöck nich vel los is, weit jeder Schauljung, de em jemals gründlich probiert hett.

As de oll Herr sick an den Festmorgen äwer de dünnen witten Hor strek un sick ut't Finster nah 't Weder ümsach, güng en blanken Schin äwer sin Gesicht, un hei nickköppt taufreden, dat alls so wir, as hei sick 't dacht hedd. De Himmel hadd en Kled von blager Sid antreckt, wat mit roden Sanft verbrämt wir, de Hahn up'n Hof slög mit de Wachtmeistersporen achter ut un rep Hurra, de Ahnt bammeltickelt mit'n Swanz, un de Kanter hädd am leiwsten sülwst mit de Beinen achterut slagen, wenn't sick man schickt hädd. Hei was in rosenroder Stimmung.

„Weiten de Lüd denn ok, dat hüt din säbentigst Geburtsdag is?" frög Robert.

„De meisten warden't woll weiten", gew de Vadder tau Antwurd. Äwer hei säd nich, dat hei all vör vierteihn Dag den Baukdrücker en sanften Tritt gewen hadd un dat des' brav Mann in't Wochenblatt en poor Würd äwer den Jubelgreis rinsett't hedd. Un denn was hei in desen Ogenblick nich dortau upleggt tau vertellen, dat hei all sit vier Wochen in all sin Vereine un Klubs dorvon utsmeten hadd.

„Dor ward 'n olt", hadd hei seggt, „ick mark 't all!"

„Wo olt büst du denn all, Kanting?" – Na, denn kem dat äwrige ganz von sülwst.

„Büst du in de letzten Johren oft tau Kirch gahn?" frög de Sähn un bet en Stück von sinen Kauken af.

„O – ja!" Dat kem beten tägerig rut.

„Dat kannst du eigentlich nich seggen", meint de oll Fru. „In de letzten Sünndag büst du jo dor west, äwer vorher stähnst du ümmer sünndags morgens äwer dinen Rematismus, un abends güngst du nah'n Kegeln!"

De Oll fohrt sick mit de Hand äwer den Knei, as wenn em dor wat ketteln ded, un säd: „Dat is so'n eigen Sak dormit! Ick weit nich mal, wo ick mi hensetten sall. Ick heww't ok all bi Gelegenheit den Paster seggt, dat ick baben up't Örgelkur mang de Jungens nich mihr sitten mag, un unnen in de Kirchenstäuhl is kein Platz vör mi. De Plätze sünd jo all vermeidt'!"

„Hier paßt woll jederein för den annern up!" meint de Sähn, den dat häglig vörkem, wo de Oll sick rümwinden ded. „Un wer sick nich schickt, hürt tau de unsichern Kantonisten. Dor würdst du in Kiel ganz anners din eigen Weg gahn känen, ahn dat sick einer üm di kümmert. Denk doch blot doran, dat din oll Paster ok nah Gripswold treckt is un dor idel vergnäugt lewt, un hei is öller as du! Hier betahlen Ji grote Stüren un kriegen nicks dorför as Häuhnerogen up'n Stratendamm!"

„Na, lat dat nu man, Robert", säd de Oll.

„Wo sick de Magistrat woll angripen ward?" frög de Sähn nah 'ne lütt Tid.

„Ick kann 't jo ok nich weiten!" säd sin Vadder un kek nah'n Bähn, as wenn hei dor baben wat söcht, wat unnen nich tau finnen wir.

Dat was noch früh an'n Morgen, un so makt sick de Kanter dat bequem in'n Ruhrstauhl mit lang Pip un Pampuschen, üm wenigstens de irsten Stunnen von desen Dag sin Rauh tau hewwen. Sin Fru un sin Sähn un dat Deinstmäten läden nu de letzt Hand an, üm alls in sinen richtigen Verfat tau bringen un de Gäst so in Empfang tau nehmen, as sick dat gehürt. Dor würden Gläser un Buddels trechtstellt, de nige grote Teppich würd in de Stuw leggt un müßt nu sin Gefohr stahn. De Gäst würden dor nett up rümmer pedden; äwer dat hülp nich, dat wir ja sin Bestimmung un dorför leg hei an ünnelster Stell in de Möbel-Gesellschaft. De Vörhang an de Stuwendör würd tau'n letztenmal mit'n Bessen afstriegelt un in de Ecken würd nach Spennen angelt, de Gebreken von de ollen Möbel würden mit Decken taudeckt, un dit all kek sick de oll Kanter in stillen Freden an. Hei blös' den Rok ut sin Pip vör sick weg un rekent in'n stillen nach, wat des' Dag in'n pahlschen Bagen kosten un wat hei inbringen würd. Denn gradtau seggt, hei was up't Öller knickerig worden un sorgt blot för sick. Bruken künn hei viele schöne un nützliche Ding; an't Anschaffen von nige Saken wir in sinen Lewen nich tau denken west; un de Teppich wir noch en Geschenk von'n Kirchenrat, as hei sick imitieren laten hadd. Sin oll Lamp was all wat krämpfisch un hadd allerhand Lust tau dulle Streiche; sei let sich nich girn ansticken un utpusten un bluckt denn gefährlich up, 'ne nig Lamp künn hei recht gaud bruken. Sin Lehnstauhl was mit de Johren all recht weikmäudig worden, un dat Gesitz un Beinwark hackt blot noch ut Mitgefäul tausamen. De grot sülwerne Suppenläpel – ja, en richtigen sülwernern Suppenläpel künn hei bruken, dat wir wat. Hei hadd sick in frühere Johre einen schicken laten, dei in de Zeitungen as Mexiko-Sülwer anpreist un man recht billig wir. Hei hadd sick dacht, dat dit en Stück ut Montezuma sin Sülwerschapp wir, wat nich los tau warden wir; äwer as Gott den Schaden beseg, was't dann en Tinnlepel west, dei mit Sülwerputz äwerwischt wir. Ja, en Lepel ut richtig Sülwer, dat wir so wat, so 'nen groten un sweren von de Nummer, as de frame Deinstdirn bi'n Buren up de Kinnelbier bi den Herrn Paster sinen Töller henleggt hadd in de Meinung, det hei dormit sin Supp eten süll, wil dat doch beten schafflicher geiht. Wenn sin Frünn'n un Günners blot nich mit Biller oder Vasen oder Bäuker angedragen kemen! Schillers Werke hadd hei früher all mal bi 'ne festlich Gelegenheit kregen; äwer dor hadd noch keiner in lest, wenn hei ok Schillern per Rehmoneh as 'ne irstklassig Firma verihren ded. Ok en Pelz wir em recht west, sin seg all vossig ut un de Mutten kaugten all an em. Na, wi möten afluren. Wat kümmt, dat gelt, un wi nehmen dat, wat wi kriegen. Wat is dat nich all en Vergnäugen, wenn 'n weit, dat dat hübsche Äwerraschungen giwwt, ahn dat 'n weit, wat dat eigentlich is. 't is ja grad so as de Kinnerfreud vör den Julklappsabend. En Morgenständschen wir em hüt nich vörblast worden, un dat wir recht so. Musik is jo ganz schön, worüm nich, äwer wenn se utblast is, denn is't vörbi. Musik is nicks von Bestand, un vör de twei Daler, dei de Stadtmuskant ümmer as ollen Pris för en Ständschen kreg, let sick wat Durables anschaffen. De Lüd kennten em un sinen Gesmack, un dat freugt em in'n stillen. Ut Blaumenstruzen, Korten, Versen, Orden, Reden, Ihrenmitgliedschaften un ähnlichen Firlefanz mackt hei sick nicks, dat hadd hei oft naug seggt, hei hüll dat mit dat Solide, Echte un Nützliche, wo späder de Kinner noch ehr Freud an hewwen. Ok en Sofaküssen wir eigentlich man Spelerei, nochtau in de letzte Tid, wo sei dünn as'n Pannkauken sünd, un wo noch babenin dat schändliche *Nur ein Viertelstündchen* instickt ward. *Acht bis zwölf Viertelstündchen* müßt dorup stahn. 'ne schöne Wanduhr – dat is en annern Snack! Natürlich müßt sei 'ne anner Sort sin as den Kanter sin, dei sick in de Johre allerhand Niederträchtigkeiten angewennt hädd. Sei müßt ümmer scheif an de Wand hängen, un wenn ehr einer ut Verseihn en Fuck gew, dat sei grad hängen ded, denn slög dat Warwel in ehren Buk. Am slimmsten hadd sick de Bammeltikel, de ümmer as besapen hen un her slackert un sick dat nich gefallenlaten wull, wenn hei tau 'n Stahn bröcht warden sull. Denn snatert un zittert hei, as wenn hei sick in ohnmächtige Wut oder in Kolik krümmen mücht. Hei mücht nich stillstahn un in sinen Leidensweg nich uphollen warden. Dit hürt sick hellschen nah Äwerdriwung an, äwer häng sick man einer 'ne oll Uhr tau'n Daler un twintig Gröschen in de Stuw hen, dor kann hei sin Lust an hewwen.

Ach, dat giwwt so schöne Dinge tau'n Schenken, wenn man de gaud Will dortau vörhanden is, denn is ok dat Geld dor. 'ne gollen Uhrked giwwt dat all för –.

„Herein!"

En Kind kamm rin un bröcht 'ne Kort, kreg von Fru Kantern en säuten Kauken un en noch säutern Blick, kek sick in de Stuw rund üm un makt en Knicks.

„Grüß ok, min Herzing", säd de oll Fru.

De Kanter les' de Kort: *Herzliche Glückwünsche! Möge der Himmel* – na, dat kennen wi jo. Von weckern is dat? De Kanter dreiht de Kort üm un les': Theodor Kükenbiter, Senator. Hei läd de Kort up'n Disch. „Wi hädden em ok en Pund Kaffebohnen tau desen Dag afköpen künnt", säd hei tau sin Fru.

„Dat is nu tau späd", säd sei. „Du hest jo man körtlings negen Pund ut Hamborg schicken laten!"

„Denn will ick em doch en poor Pund Tobak afköpen!"

„Dorvon hest du jo noch en ganzen Sack vull ut Ribnitz. Ick heww di oft naug seggt, dat wi bi uns' Koplüd handeln willen, wenn bi ehr ok alls beten dürer un slichter is as in de grotstädtschen Geschäfte. Äwer dor lettst du di jo nich tau kreigen!"

„Je, je", säd hei, „wenn 'n sick so dörch't Johr schrapen möt as unserein, denn sall'n woll in de groten Geschäfte köpen. Hier is alls tau dür un tau slicht. Äwrigens weit dat jo ok keiner, dat wi uns wat schicken laten!"

„Dat glöw jo nich! Dat weit jederein! Dorför sorgst du jo sülwst, wenn du för anner Lüd mitschicken lettst!"

Nu kemen wedder Kinner mit Korten, kregen säuten Kauken, Blick un Herzing un makten Platz för anner. Dei dorup tau lopen verstünnen, halten sick ut verschiedene Hüser de Gratelatschonskorten af un bröchten sei hen, mihr üm den Kauken as as üm de annern Taugiften. Ok de Stadtdichter let sick wat marken un schickt en Gedicht in't Hus mit Verse, de bi de Küll de Fäut verklamt wieren. Dorför wist hei äwer den ollen Kanter ok en Platz im Ruhmestempel der ehrwürdigen Stadt an, wo de Unsterblichen in uphegt würden. Wo des' Ruhmestempel stünn un wo de äwrigen Unsterblichen heiten deden, säd hei indessen nich.

Dor wiren faste Tritte up de Trepp tau hüren.

„Jetzt beginnt die Vorstellung!" säd de Sähn mit en spaßig Lachen. „Bitte recht freundlich!"

De Huswirt kem rin, Schauster Panzer – ach du leiwer Gott, nu kann't gaud warden. Nich einmal en reinen Kragen hett de Minsch ümbünnen. Schauster Panzer langt ehr all de Pot mit de scheiwen Fingern tau'n Gruß hen un gratelirt un smet en nürigen Blick up de Winbuddels.

„Velen Dank, Meister! Sei nehmen doch en Ogenblick Platz un drinken en Glas Win! Hier steiht de Stauhl!"

„Danke, ick sitt leiwer up 'n Sofa!" Hei peddt richtig rup up den Teppich un un sett't sick up't Sofa. Nu müßten blot de Gesandtschaften von de Stadt un Kirch kamen un den Truerrand an sin Fingernägel bewunnern, de Minsch schämt sick jo woll nich en Happen. Äwer ruhig Blut, Anton. Dat güng nich anners, en Glas Win müßten sei em inschenken.

„De meisten Minschen känen vörmiddags kein Gedränke verdragen", säd de Kanter mit Fründlichkeit, „äwer ein Glas schadt einen nich! – Wat meinen Sei? – Ja, wi hebben dat ok hürt, dat de Katten äwer Nacht schauderhaft maugt hewwen!"

„Tau'n Glas Win hürt 'ne gaud Zigarr!" seggt de dristig Schauster.

„'ne Zigarr? Gewiß doch! Herzlich girn!"

Na täuw, Fründing, denkt de Kanter un langt ut'n Schapp 'ne Spandier-Zigarr to drei Penning rut, Vierrader Ogenpulver mit Hinnerlist-Deckblatt.

„'ne utgeteiknete Sort ut Bremen, Meisting, echte Import! – Ja, de Win is ok recht gaud! Wo freugt mi dat, dat hei Sei smeckt! Wenn Sei noch ein Glas –? Ja? Wi känen äwer nich mitdrinken, wil noch mihr Besäuk kümmt. Sei nehmen't doch nich äwel, nich?"

Dei Schauster drinkt dat Glas mit einem Sluck leddig, dat Glas hett 'e äwer doch nich mitversluckt. Wat denkt hei sick eigentlich! De Minsch hett jo gar kein Ahnung von anständig' Lebensweis'. „De Farken hewwen hüt up'n Markt föfteihn Mark kost't!" seggt hei.

„Jawoll, wi weiten't all!" Wat uns dat hüt woll kümmert? Wenn hei blot gahn wull!

De Korvetten-Kaptein, de noch so gaud as gornicks seggt hett, geiht ut de Stuw rut, un de oll Kanter steiht up un geiht in de Stuw up un dal un kickt verluhren ut't Finster. Am En'n helpt dat. Win ward em nich mihr anbaden. Gott sei Dank, hei steht up. De oll Kanter dreigt sick üm un langt em de Hand hen un will Atschüs seggen.

Äwer de Schauster seggt: „Ne, ick bliw noch beten! Ick heww Tid! Ick will mi blot de Buddel halen!"

Ach herrje, hei schenkt sick allein ein. „Bitte", seggt de Kantor. „Is girn günnt un't kümmt von Herzen! Langen S' tau! Beidenen S' sick! De Win is doch gaud?"

„Ja, de Win is gaud, blot de Zigarr is mi beten tau kräftig! Starke Zigarren kann ick wegen min Asthma nich recht verdragen!"

O täuw, dat ick dor noch nicht an dacht heww! Di will ick eins 'ne Havanna vörroken, denkt de Kanter un stellt de Pip weg.

„Für Asthmatische is de swere Win dat reine Gift", seggt de Kanter un stickt sick ut den Sähn sin Zigarrentasch 'ne lütt Zigarr an un blöst em den Rok in't Gesicht. De Schauster kickt den Kanter mit sin lütt listig un tücksch Ogen an un schenkt sick wedder in. Dit kann ja gaud warden. Red du man von Nahwer Wulfen sinen Schimmelhandel, ick antwurd nicks mihr. Nu redt hei von de beiden jungen Mätens, de gradäwer bi Snider Peiters tau Besäuk sünd. – „Jawoll! Ganz recht! Wat säden Sei eben? Ick heww nich recht tauhürt! Nehmen S' nich för ungaud, äwer ick heww den Kopp so vull, as Sei sick woll denken känen! Wenn so vörnehme Lüd tau Besäuk kamen, an dei 'n nich gewennt is, denn hett ein 'n sick allerlei in'n Kopp trechttauleggen, wat 'n antwurden möt! So'n Besäuk is immer pinlich un, wenn't nich grad nödig is, denn geiht 'n em ümmer milenwid ut'n Weg. Dat weiten Sei jo! – Horch! Wiren dor nich Schritten up de Trepp tau hüren? – Wat denn? Sei maken sick nicks dorut, wenn so 'n fine Herren kamen? Ja natürlich, dat is ok en Standpunkt! – Wat säden Sei eben?"

„Ick säd, de Herren von'n Magistrat kamen nich", säd de Hauswirt un schrumpt dorbi vör Vergnäugen in sin Sofaeck tausamen. „Ganz gewiß nich! Senater Thede Kükenbieter hett't mi sülwst seggt! De Burmeister, säd 'e, hadd Sei en Geschenk un en Besäuk taudacht, un de Senaters hädden 't ok bewilligt, wil sei meistens doch nich verstahn, worüm 't sick handeln deit. Äwer unglücklicherwis' let hei wat von'n Rokdisch fallen, dunn hett Kükenbiter seggt, de Herr Kanter köft jo sin Zigarren un Tobak ut Ribnitz un sinen Kaffee ut Hamborg un sin Tüg ut Berlin un versorgt ok noch anner Lüd dormit, denn süll hei sick man von dor wat schenken laten! Na, dor sünd sei denn all bossig worden un säden, sei wullen äwerhaupt keinen offiziellen Besäuk maken! So is't!"

De Schauster schenkt sick mit en heimlich Grifflachen wedder in un opfert sick up för de Herren von'n Magistrat, dei jo nich drinken wullen.

Den Kanter würd warm unner de West, hei würd unruhig, sin Hoffnungen wiren stark unnerdümpelt.

„Dat Weder is sihr schön!" säd Panzer, üm em wedder munter tau maken. – „Wat geiht mi dat Weder an!" rep de Kanter wütend. „Ick will doch kein Heu inführen! Dat möten Sei de Fuhrlüd seggen!"

„Ick will 't bestellen", säd de Schauster verninsch un stünd all up, wil hei nu würklich sin Heu inführt hadd un wil up de Trepp Schritten tau hüren wiren. „Ick bün hier woll in'n Weg, nich?" frög hei.

„Gott bewohre!" säd de Oll hastig, as hei sick besunnen hadd un doran dacht, dat de Schauster em de Wohnung ümmer billig laten hadd.

„Doch, doch!" säd Schauster Panzer un stünn all in de Dör. „Sei glöwen woll, ick hädd 't nich markt, dat Sei mi girn los sin willen!"

„Äwer Meister!"

„Un nu hollen Sei mi noch babenin för dumm, nich?"

Dormit wutscht hei ut de Dör rut. Lat den Schapskopp, dacht de Kanter, de froh wir, dat hei em los wir. Lang Tid tau Besinnung wir nich, buten kratzt un schurrt dat up dat Fautdeck un dat harkt mit'n Hals un glik darup kemen drei Herren mit würdige Fründlichkeit rin un begrüßten den Kanter un sin Fru un den vorehmen Sähn, de wedder mit rin kamen wir. De Herren wiren von'n Gemeindekirchenrat afordnet worden.

„Mein lieber Herr Kantor", füng de Öllst von de Herren an, „wir sind beauftragt worden, Ihnen die Glückwünsche des Gemeindekirchenrats zu Ihrem heutigen Geburtstag zu überbringen. Der Herr Pastor läßt sich entschuldigen, da er zuviel zu tun hat und nicht abkommen kann. Um Ihnen unsere Dankbarkeit für Ihre langjährigen Dienste an unserer Kirche zu beweisen, hat der Gemeindekirchenrat beschlossen, Ihnen für die Zeit Ihres Lebens (äwer den Kanter sin Gesicht güng en helles Lüchten; wovel sei woll up't Johr tauleggen, dacht hei) freien Platz in der Kirche unter dem Orgelchor zu gewähren, da wir wohl wissen, daß Sie bei Ihren nicht gerade bedeutenden Einkünften keinen Platz kaufen wollen. Aber damit nicht genug! (Na, dat best kümmt achteran!) Auf meinen Vorschlag soll Ihnen bei Ihrem dereinstigen, hoffentlich noch in weiter Ferne liegendem Ableben eine freie Grabstelle auf dem Kirchhof gewährt sein. Also nochmals herzlichste Glückwünsche!"

Dat wir jo sehr nett. An desen Dag von Dod un Graww un Kirchhof tau reden.

De Herren fummelten nah den Kanter sin Hand un schüttelten sei un schüttelten ok den Korvetten-Kaptein un de Fru ehr Hän'n, un de Kanter wir vor Rührung so angegrepen, dat hei nah sinen ollen Lehnstauhl rinner füll un blot mit de Hand nah de Stäuhl henwisen ded. Nu äwernehm de Sähn de Bewirtung un treckt de Buddels apen. Ok de Kanter ded dat Minschenmäglicht bi't Drinken. Blot bi't Eten güng em dat so as alle annern ok: de Kauken wull nich gliden, hei wull nich recht de Kehl runner, wil dor tau vel Mehl an wir, un müßt düchtig nahspäult warden. De Redner von vörher halt ut de achterste Tasch von sinen Bradenrock en grot Schriftstück rut, wat hei vergeten hedd aftaugewen. „Hier is alls schriftlich!" säd hei.

De Kanter läd't ungelesen up'n Disch un was bi dat muntere Vertellen recht einsülwig. Dei Herren, dei ehr dankboren Gaben so riklig äwer em utschütt hadden, leten sich nich vel nödigen un drünken förfötsch tau. Wat sei all vertellen un wo sei den ollen Kanter an de ollen Tiden erinnerten, dorvon lett sick allein en Bauk schriwen, dat hadd groten Wirt für die Kulturgeschicht in'n groten un ganzen un för de Redenden insbesondere, äwer leider ward den Leser nich dat geringste doran gelegen sin. De Kanter un sin Sähn rokten un drünken flitig von wegen den reichlichen Zoll der Dankborkeit, dat Deinstmäten lep mit de leddigen Buddels nah de Käk, nehm se dor vor'n Kopp un lickt' de Reste up. Frau Kantern rew sick de Hän'n vör innere Befriedigung, wil sei gistern abend bi't Anrühren von'n Kaukendeig noch rasch en halw Pund Bodder wedder heimlich ut de Mehlschöttel wegreten un also vör dat Schicksal redd hadd, hier von frömd Lüd för en Kirchenplatz upeten tau warden. Frugens sünd ümmer ahnungsvolle Engels, as in en Bauk mit Goldschnitt tau lesen is.

„Kanting, Sei striken jo de Zigarrenasch up uns' Papier af, up den Schenkungsbreif!" säd de Herr Rat Merker. „Dor is nu all en grot Lock in brennt!"

„Ach so!" säd de Kanter un schöw dat Papier nach sinen Sähn hen, dei dat äwer den Ollen wedder trügg gew, wil hei mit de Schenkungsurkund mitsamt den Kirchenstempel nicks tau daun hewwen wull. So denken wi uns wenigstens, un wat en Schriftsteller sick von sin Helden denkt, is ja natürlich männigmal ok richtig, un wenn't ditmal nich drapen is, denn so ward't de Herr Seefohrer woll wider nich äwelnehmen.

Gegen Klock ein middags güng de Herren en Licht doräwer up, dat sei nich tau'n Middageten inlad't würden, un sei segen in, dat sei nu nich alltau vel mihr drinken künnen, un so säd Herr Merker, de Öllst, dei de verstännige Red hollen hedd, nu wullen sei man ehr Glas utdrinken un denn sick blot noch einmal inschenken laten. Denn wenn sei noch vel mihr drünken, denn künn dat so schädlich sin, dat sei womäglich nich mihr tau'n Abendschoppen bi Ede Westphal kamen künnen. „Also auf dem Wohle des Herrn Korsetten-Kaptein-Leutnants!" säd Herr Rat Holz, de all en brunen Kopp had, un stünn up un torkelt gegen den Disch, dat de Win ut de Gläser äwerschütten ded. „Bitte ergebenst um Entschuldigung!" säd hei dorüm. „Der Tisch hat wohl keine innere Kontenanz und Festigkeit!"

„Dor hest du recht in, Holz!" säd de oll Kanter. „Hei is all wat bröcklig, de ein Bein is beten kort, dorför sünd indessen de annern desto länger. Äwer dor lett sick licht aphelpen!" Un hei wrümmelt dat Papier up'n Disch tausamen un proppt dat unner den korten Dischbein. „So, nu steiht hei fast!"

Un mag einer seggen, wat hei will, so'n Schenkung is ümmer tau wat tau bruken, wenn 'n sei man schriftlich up en dicken Bagen Papier hett. As Herr Holz dit seg, hadd hei noch grad so vel Besinnung, dat hei irnstlich bed, em nu nich mihr intauschenken.

Indessen, säd hei, wenn Herr un Fru Kantern dat nich äwelnehmen, denn wull hei sick woll 'ne Prauw von den Kauken mit nah Hus nehmen. Sin Fru wir dat so gewennt, dat hei jedesmal von so'n festliche Veranstaltungen 'ne Prauw mitbröcht, sei wull dat so, un wat de Frugens willen, dat güng jo äwer alls. Un dorbi hadd hei all 'ne Zeitung ut de Tasch langt un sick poor hartlicke Kaukenstücken inwickelt. Nu fehlt blot noch, dat sick jeder von de Herren 'ne Buddel Win mitnimmt, dacht de Kanter, un nu güngen sei, un keiner gew sick de Mäuh, ehr tau hollen. Den Pris för de frie Grawwstell hadden sei ruterslagen; dei hädd sünst vier Daler an de Kirchenkass' kost't, un för dit fürstliche Geschenk hadden sei sick, as ehr dat von Amts wegen taukem, upopfert.

Uns sall dat in'n Drom nich infallen, de Seel un den Liw von'n Minschen tau nah tau kamen oder gor höhnschen un spitzfinnig äwer de beiden tau reden, dortau hewwen wi doch 'ne tau gaude Meinung von de beiden, sei führen 'ne einträchtige Eh miteinanner, un uns sall keiner afstriden, dat de Minsch sei notwendig bruken möt, solang as hei lewt. Äwer mit aller Achtung vör ehr känen wi uns doch nich verknipen, bi des' Gelegenheit mal uttausprechen, dat sei beid ungefähr datsülwige sünd as ein Glas mit Grog. Is de Grog heit, so ward ok dat Glas heit, un is dat Glas käuhl, so ward ok de Grog käuhl. – An'n Morgen wiren de Seelen von de Kanterfamilie brennend heit west in froher Erwartung wundersamer Begebenheiten, un des' Lebensfunke hadd dat Liw mit anstickt, dat ehr de Westen tau eng würden. Nu was äwerst nah un nah so vel schmerzliche Enttäuschung up de innere Flamm drüppelt, dat all't Nahbäuten mit Malaga nicks helpen ded, un dat alls taufrür un sei sick de Arm üm den Liw slahn müßten, üm wedder uptaudäugen. De einzige Utnahm von des' Frostigkeit stünn in de Käk un nehm de halwen Buddels vör'n Kopp un drünk sei mit rührender Äwerstörtung ut. Un as sei dit bewerkstelligt hedd, sackt dei Käkenregentin dal up'n Käkenstauhl un fünn dor en seligen Ruhepunkt in der hastigen Flucht des Lebens.

De oll Herr wull sick jo sinen Verdruß un Arger nich ankamen laten, let sick äwer ok up nicks in, as de Sähn de ganze Geschicht von de fröhliche Sid anseihn wull. Hei et man wenig Happen von sin Middag un läd sick nahsten up de Uhren, üm sick inwennig tau bekiken, de Sähn äwerst verpeddt sick nah't Eten de Fäut up en längern Spaziergang un hägt sick in'n stillen äwer dat lüttstädtische Leben, wo nah de Meinung von de Großstädtschen alls ein Herz un eine Seel is un de warme Leiw regiert. De oll Fru flucht nich grad, wil dat jo doch nicks helpt; äwer se lacht doch öfter gelbunt up, as sei up'n Sofa leg, wo se tauletzt ok inslep.

As de Korvetten-Kaptein nah twei Stun'n wedder an Hus kem un sick in de Käk nah 'ne Tass' Kaffee ümseihn wull, smet em de Deinstdirn Kußhän'n tau, un hei müßt man retüriren, sünst hädd sei em ümarmt. Ehr vulles Hart un ehr vuller Kopp drängten ehr, alls, wat männlich wir, an ehren Bussen tau drücken un sick för dat alldäglich nüchterne Leben tau entschädigen. Sei was de einzige fidele Fidel in dit Konzert, un Roberten blew tauletzt nicks äwrig as uttauriten. Up en engelsch Schipp lostaubösten un sin Kanonen dorup lostauballern, dorbi hädd hei sick nicks dacht, dor lurt hei blots up, äwer desen Angriff in de Käk wir hei nich wussen, dor makt hei *ganzer Korvetten-Kapitän kehrt!*

Nahsten würd gemeinschaftlich Kaffee drunken, un sei lurten nu nich mihr up Äwerraschungen. Den Ollen düst de swere Win noch in'n Kopp, un hei meint, nu wullen sei man de letzten Buddels bisid bringen, denn dor kem nu doch keiner mihr. Äwerst kein Fischer sall verzagen, bet hei de letzte Nett uptreckt: dor kemen doch noch Lüd. Dat wir de Vorstand von'n Pipenklub. De Herren hadden nich grad en Sofa unnern Arm, bröchten ok kein Urkund, äwer se hadden doch all fröhliche Gesichter. Se sett'ten sick dal un probierten den Südwin un hadden wat vörtaubringen.

De Vörstand, säden sei, hädd tau Ihren von ehren ollen leiwen Kanting hüt abend 'ne besondere Versammlung anseggt, wo sei sinen säbentigsten Geburtstag firen wullen, un nu wullen sei em un den Herrn Sähn dit kund daun, dat sei beid ok jo un jo kemen. Un nu schöten sei 'ne Ladung angenehme un prächtige Würd up ehr af, dei sin Hart in Für un Flammen setten süllen; äwer dei Batterie hadd dat Mallür, vörbi tau scheiten. Den Ollen sin Hart blew kolt as 'ne Hun'nsnut.

Äwer so von widen taufäuhlen wull hei doch.

„Ji hewwen juch doch mintwegen nich in Unkosten stört't?" frög hei unschuldig un mit 'ne Mien, as wenn em dit sihr pinlich west wir.

„Ne, Gott bewohre!" gew dei Apteiker tau Antwurd un lacht em lüftig an. „Wi willen jo blot vergnäugt tausamen sitten un eins den Dullen utlaten, Kanting! Wi weiten jo, dat di dat nich mit wir, wenn wi Ümstän'n makten oder di mit grote Geschenken unner de Ogen güngen. So'n Lavkaiengesinnung steckt jo nich in di, dat du up so wat rekenst!"

„Dat is denn jo ok all – sihr nett!" wörgt de Kanter rut.

„Äwer nu eten S' un drinken S', mine Herren!" nödigt' de Sähn.

Sei fohrten denn ok drist un gottesfürchtig up den Kauken los, äwer sei gewen ok ebenso fix alle Versäuke up, Meister äwer em tau warden. Sei hüllen sick an den gauden Win un säden tau den Sähn, dat sin oll Vadder doch en beten geacht' un beleiwt sei, un nu drünken Vadder un Sähn munter mit, un de Oll dacht', wenn dit all en *beten* Leiw un Achtung wir, denn möcht hei nich en Hümpel dorvon beseihn.

As sei denn endlich güngen, beden sei den Ollen recht sihr, ok jo tau kamen un vörher nich tau vel tau drinken, wil hei doch mithollen müßt.

„Jawoll, jawoll!"

„Gott sei Dank, dat sei weg sünd." Ut den Kanter sin Bost kem en fürchterlichen Fluch, dei grad so as anner fürchterliche Flüch wider kein Bedüdung hadd as 'ne Damppip ut 'ne Maschin, de jo ok de Spannung löst und lichter makt. – „De Sak ward ümmer spaßiger", säd de Sähn. „Wi gahn doch hen?"

„Ick kümmer mi keinen koppern Penning üm de ganze Gesellschaft!" antwurdt' de Vadder. „Weißt du wat, Jung? Nu fängen wi beid an, orndlich einen tau schmettern! Lat de Welt zum Deubel gahn! Sitdem de Sündflut äwer de Welt kamen is, känen fromme Minschen dat Water nich mihr verdragen! Prost! Noah sall leben!"

Un nu würd dit de schönste Dag in de Deinstdirn ehr Leben. So'n Dag wir in ehr Geschicht nich dor west un ward ok nich wedder kamen. Sei müßt in de Stuw en Glas mitdrinken un Prost seggen, un so dickköppig sei sünst ok man wir, dit lihrt sei in einen Ogenblick. Endlich kem ehr de ganze Sachverholt unklor vör, un sei wull sick up den Kaptein sinen Schott setten. Dunn bröcht hei ehr nah de Käk un led, dat sei em de Backen straken un up de Schuller kloppen ded un „min oll leiwer Jung!" tau em säd. Hei klemmt ehr fast twischen den Disch un dat Käkenschapp up'n Stauhl, un dor füng ehr Näs' furds an, 'ne Arie tau snorken. As de Sähn ehr so wid hadd, güng hei wedder in de Stuw, wo de Oll set un ok Ogen makt as de Gaus bi Wederlüchten.

„Ach, dor sünd Sei jo ok!" lallt de Vadder. „Besten Dank! Drinken S' en Glas Wihin mit! Min Sähn is ok hir tau Besäuk un ward glik kakamen!" Sin Stimm was nich mihr vullkamen verständlich, wil hei innerlich tau bewegt wir. „Sei sünd doch", füng hei wedder an, „wer sünd Sei man noch?"

„Ick bün doch din Robert!"

„Richtig, ick heww mi dat furtst dadacht! Min Sähn heit ok Robert un hei is Kokor – kor – huk. – Von wekkern sünd Sei en Sähn?"

„Doch von di, Vadding!"

„Richtig! Ach so! Na, denn grüßen S' em von mi! Sünd Sei all verheuheurat't? Min Döchter sünd all an'n Mann! Nu willen wi en en niges un betres – Leben anfängen, willen wi? Na denn Prost! Ick dank Sei ok för de gütige Bewi – wi, na – wirtung, wotau Sei jo gor nich verpflicht't wiren! Drinken Sei doch! – Kellner, noch ein von des' Nummer! Laß den Deubel brummen, dat kümmt all äwereis rut!"

De Sähn nehm sinen Vadder unner'n Arm, un hei let sick willig von em up't Sofa leggen, wo hei em warm taudecken ded. Un nahsten packt de Sähn, dei vel Erfohrung mit so wat hadd, up den Jubel- un Ihrengreis sinen Kopp kolle Waterdäuker, makt Licht an un stickt sick 'ne Zigarr an.

Gegen Klock negen abends wakte de oll Herr wedder up, grad tau rechter Tid, üm dat Deinstmäten ut'n

Gasthof Red un Antwurd tau stahn. Ob Herr Kanter un Sähn nich bald nah'n Pipenklub kamen wullen, de Herren lurten all sehnsüchtig.

De Oll kek sinen Sähn unwiß an un säd langsam: „Ja – is dor irgend wat los? Ick mein nich, Rike, dat Sei mi Geheimnissen verraden sälen, dat wür ick niemals nich verlangen, wil ick din Lehrer west bün. Dat is 'ne Gemeinheit, wat tau verraden! Äwersten bi mi kann ick Sei ümmer mal 'ne Utnahm erlauben! Mi känen Sei drist alls anvertrugen, wat Sei weiten; denn Sei sünd jo min Schäulerin west! Also – is irgendwat in't Wark? Äwerraschungen, so wat?" – „Ick weit von nicks", säd de Dirn mit dat unschülligst Gesicht, un dormit säd sei dat, wat ehr bi Straf in dissen un jenen Leben ankumdiert wir. – „Ick will doch nich hoffen", säd de Kanter wider und grep sick nah den Kopp, „dat de Herren sick mintwegen Kosten makt hewwen?"

„Ih wo denken Sei hen!" säd sei mit en helles Lachen. „Sall ick bestellen, dat Sei kamen?"

„Ne", bet hei kort rut. „Bestellen Sei, dat ick nich kam! Min Sähn ok nich!"

„Schön!" säd sei un danzt ut de Stuw rut.

Un nu güng de Kanterfamilie tau Bedd, un de oll Kanter slep den Slap des Gerechten, so as eben Lüd, dei alle Felle wegswemmt sünd, gerecht slapen känen.

Den negsten Morgen wiren sei tämlich all in de Reih, un sei wiren sihr taufreden dormit, dat sei mannhaft gegen de Versäukung ankämpft hadden, gistern abend noch in'n Pipenklub tau gahn un sick krank tau drinken. Gegen Klock negen kem de Kanter sin oll Fründ, de Gastwirt, bi den de Klub sick versammeln ded, un gratelíert noch nachdräglich persönlich. Hei kreg dorför 'ne Zigarr un vertellt: „Schad, dat du nich dor wirst, Kanting! Oh, wat sünd wi all lustig west, un wat hewwen wi all an'n Dag gewen, Krauel hett mal wedder sin Johrmarkts-Komedi tau'n besten gewen, un de Dokter hett sungen. O je, wo hewwen wi uns den Mund mit Rotspohn utspäult! Un wo hewwen sei di all firt mit Reden – dat häddst du hüren müßt! Ümmer wedder repen sei: Uns' oll gaud Kanter fifat hoch, hoch! Äwer hunnert Mark hewwen wi dorbi verwichst!"

„Äwer hunnert Mark? Wo kem denn so vel Geld her?" grunzt de Kanter. „Doch nich ut d' Kass'?"

„Wo denkst du hen! Dat Geld kem ut de Okschon tausamen!"

„Ut wecker Okschon?"

„As min Deinstmäten trüggkem von di un meldt', dat du ganz vergnäugt utsehn häddst, äwer likerst nich kamen wullst, dunn rep de Dokter: Wat? Hei will nich kamen? Sünd wi em nich gaud naug? Em steckt woll noch de Besäuk von den hochpreißlichen Kirchenrat in de Näs'! – Wohr möt wohr bliwen, von di was dat nich recht, un hei was beten in'n Tran! Äwer du weißt jo, wat hei einmal will, dat ward in'n Klub makt, un hei säd: Alls up de Okschon bringen un verköpen! Na, nu güng't los up amerikansch! Alls, wat sei di an Geschenken un Äwerraschungen taudacht hedden, würd verköft. De Lehnstauhl, den Herr von Eyndia stift't hett, bröcht allein binah 60 Mark, de Rekter hett den Tauslag kregen, ick glöw, hei hett man twei Mark dörför intahlt. Ebenso güng dat mit de Blaumenstruze und de Lamp von'n Dokter. Oh, min Kopp! De Lamp hett hei von Pitzken köft, 't wir de dürst un finst ut sinen Laden. Ut uns' Kass' wiren man dörtig Mark bewilligt, dorför is de Regulater von Korl Spierlingen köft worden, un Bur Peiters hett em kregen, ok sihr billig. Du weißt jo, hei geiht ümmer irst ran, wenn keiner mihr intahlen will. Dat äwrige hewwen enzelne Herren schenkt, dei dat dortau hewwen, un dei dat up en poor Gröschen nich ankömmt, Krauel un ok de Burmeister. Äwer bös sünd sei di dessentwegen doch nich. Sei säden all, 't wir en rechten Jux un – oh, oh, min Kopp! Ick kann nich wider roken, de Zigarr is nich von slichte Öllern, un drinken dau ick nich einen Druppen mihr! Ick hadd för di en Lurberkranz bi'n Gärtner köfft, so grot, dat du dor 'ne Kauh up hollen künnst. Hei hängt noch dor, un ick will em di nahsten mit Rike herschicken!" Den Kanter würd beten äwel, un hei seg ut, as wenn hei Trübsal tau verköpen hädd. Em was dat gahn as de Gaus, de bi'n Regen in't Dröge blewen wir.

As de Gastwirt weg wir un hei up sinen ollen ledweiken Lehnstauhl äwer de irdischen Irrtümer nachgrüwelt, stek de Hauswirt Schauster Panzer den Kopp in de Stuwendör un säd kort un drög: "Ick kündig Sei de Wohnung tau'n irsten Oktober!"

Dormit treckt' hei sick wedder trügg, un Robert frög nu sinen Vadder: "Na, Olling, wa is't nu mit Kiel?"

"Ick kam mit!" säd de Oll.

Bunte Sache

"Dat is doch snurrig", sagt der Bauer zu seiner Tochter, "jedesmal, wenn ick woll möcht, dat du dissen oder jenen frigen dedst, denn hest du allerhand intauwennen, un jedesmal, wenn ick will, dat du einen oder den annern nich frigen sallst, denn willst du em grad hewwen!"

"So is't", antwortete die Tochter. "Un jedesmal, wenn wi uns mal äwer en Mann för mi einigt hewwen, denn will hei nich."

Wat ut en Schawernack rutkümmt

De jung Bur Jehann Eikstedt künn dat up kein Städ uthollen. Buten wir em dat tau warm un binnen tau beklummen, tau Hus tau vereinsamt un in't Wirtshus tau vel Larm, in de ein Stuw wiren em tau vel Fleigen, in de anner –, wi willen nich lang dormit üm den Barg hollen: hei is verleivt. Un dat Mäten, wat desen Unfug anricht't hett, heit Anna Kniper un is 'ne Dochter von Bur Andreis Kniper.

Eikstedt is en schiren, sturen Mann, en düchtigen Huswirt un en rechten Bur. Sin Vadder hatt wullt, dat hei sick mit de Bildung bemengen un en Studierten warden süll. Äwerst Johann dacht sick, wenn Vadder ok sünst tau kumdieren hett – hierin sall hei nich sinen Willen hewwen, un hei let de Schaullihrers schachten, wat sei wullen, hei let sick up ehren Narrenkram nich in. Dat lagg damals unner de Jungs so in de Luft, dat sei de Lihrers nich den Willen deden; sei wiren all so hartmült un wedderdänsch, as wenn de Halsstarrigkeitsfriesel unner ehr utbraken wiren. Un 't gew Jungs, dei Jehannen noch äwer west wiren, un sei bilden sick hüt noch wat dorup in, dat sei nich vel mihr as ehren Namen schriwen künnen.

Anna Kniper war en plesierlich Mäten, wat gewöhnlich en por Hitzpückel up de Näs' un en gräunen Töller up'n Kopp drög. Wenn ehr Nam nennt würd, würd furtst 'ne plesierlich Zahl mit vier Nullen achteran nennt, dat jung Lüd ehr Gesicht glänzen würd as en oll Zilinderhaut, dei ut de Trebel utfischt is. Anna was ok man trüggblewen in Kunst un Wissenschaft un was lang nich so gelihrt, as hüt bi de Frugenslüd Mod is. De oll Schaullihrer Dabermann hadd ehr ja ok Fallen stellt, as dat de unverantwurdlich Mod in de Schaul is, äwer sei hadd sick nich fängen laten, un up des' Ort paßten Jehann un Anna nah unsern Bedünken ganz gaud tauenanner.

Ehr Vadder, de Bur Andreis Kniper, was en kränschen Mann, dei recht pampig up den Fautbodden stöten kunn, he was en rechten isern Hinrich, dei nich mihr ded, as wat hei wull, dei am leiwsten seg, wenn alls nah sinen dicken Kopp güng, un dei blot bed, wenn't weddert. Hei stünn also noch unner de Russen, dei doch bi twei Gelegenheiten beden, einmal, wenn s' ein' bedragen hewwen, un wenn sei sick bi'n leiwen Gott bedanken, dat hei un de Heiligen ehr so schön bistahn hewwen. Äwer hei was en grausamen Huswirt, pünktlich un sporsam un achtsam. Sin Gesicht was en beten südlich, so as Kaffee mit Rohm mang, un von Natur was hei tag as 'ne olle Wid un plitsch as en dänsch Pird.

Jehann Eikstedt was sick hellschen unseker, wat Kniper woll tau en Andrag seggen würd; Anna kennt in desen Punkt sin Gesinnung ok nich un hadd meint, dat sei irgend einen Professer taudacht wir, dei grad nich bi lütt Geld wir. Un dorbi hadd sei sick 'ne mächtige Näs' von den Ollen halen künn, na – dat wull hei nu nich. Dor müßt hei irst von widen taufäuhlen, un dat is 'ne kettlich Geschicht. Stämmen roden, Stein kloppen, Gasten meihen – dat is all de reine Spaß dorgegen.

Nu was hei von Natur mit 'ne hartliche Patschon Klaukigkeit begawt, un de irste Grundsatz bi de weltliche Klaukigkeit is dei: Wo du di nich sülwst de Fingern verbrennen magst, dor schick en annern hen. Natürlich künn dat blot en uterwählten Geist sin, en Schenie, un dat einzig Schenie in't Dörp was de oll Schaullihrer Dabermann. Nu is dat jo wohr, dat einer drist jedes Gelihrten-Lexikon upslahn kann, ahn em tau finnen; äwerst Jehann säd sick: hei is en Schaullihrer, un dat beseggt naug. En Schaulmeister weit allerwegt Bescheid; hei kennt de Vadders von binnen un de Mutters von buten; hei weit ganz genau, wo de Dirns von vörn utseihn un de Jungs von achter. Un dorüm besöcht hei mal abends den ollen gauden Dabermann.

„Gun Abend, Dabermann!"

„Gun Abend – Herr Jeking, dit is jo woll Jehann Eikstedt! Na, Jehanning, sett di dal! Wo geiht di dat? Nehmen sick de Pölk gaud tau?"

„Ja woll, Vadder Dabermann, un de swartbunt Stark ward anner Woch melkt!"

„Na, dat is jo schön! Denn willen wi irst en lütten Sluck drinken!" Dabermann güng nah't Schapp hen.

„Ick frag eigentlich nich recht nah!" säd de jung Bur.

„Ih wat! Gewöhnliche Wor sett ick di ok nich vör! Dit is einen, den ick mit Wörmt aftreckt heww; den kann de Tribseesch Burmeister an'n Sünndag nahmiddag drinken!"

Na, gegen so'nen Grund is nich antaukamen, un so drünken sei sick beid tau.

„Wat maken de Immen?" frög Jehann tau Inleitung un üm sick wegen de Nahfrag nah sin Pölk erkenntlich tau wisen.

„Sei drägen düchtig ut den witten Klewer!"

„Hest du an'n Sünndag abend wat bi'n Boston ruterslahn?"

„Wat süll ick nich! Binah en Daler!"

„Na, dat's en schönen Groschen Geld! Wer hett denn verloren?" – „Kniper hett woll dat meist verloren! Äwrigens, dei will jo morgen en Hümpel Wischen von Thomson sin Wirtschaft köpen! Geihst du ok hen nah de Okschon?" – „Dat's gewiß, wi warden woll all hengahn – en Loppen Wisch ward för mi woll affallen! Schad, dat de schöne Wirtschaft parzelliert ward!"

„Segg dat nich, Johann, uns' Buren kriegen up des' Ort doch mihr Wischen, un dei kann upstunds jederein bruken!"

„Dat is richtig, blot ick mein, up de Wirtschaft in'n ganzen hädd sick doch noch en Bur ernähren künnt!"

„Wat schad't dat? Wi sünd hier jo liker naug!" säd Dabermann. – „Ja, för di", säd Jehann un lacht, „du hest denn weniger Kinner in de Schaul! Äwer uns jungen Lüd is sihr doran gelegen, dat hier mihr junge Lüd sünd – von jeder Ort weck, weck mit Stewel un weck mit Schörten –, du versteihst mi doch!"

„Merweljöh!" säd Dabermann, un dat was en Wurt, wat bi em för jede Gelegenheit paßlich wir. Bi em künn dat all't mäglich heiten: Alls in Richtigkeit! – Danke schön! – Gun Nacht! un sünst noch allerlei.

„Von wegen de Schörten", säd Jehann, de't nu nich mihr slippen let. „Du weißt jo mit alls Bescheid! Weißt du nich ein för mi?"

„Je, nu kik, wat du för en schulschen Gast büst! Glöwst du, dat dat ganze Dörp blind is un nich weit, dat du am leiwsten mit Anna Kniper tweispännig güngst, un dat ji juch abends achter de Gustrumheck nich von wegen dat Fewer an'n Puls faten?"

Jehann lacht un säd: „Di bliwwt nicks verborgen! Nu segg eins uprichtig, wat dünkt di dorbi?"

„Gornicks!" säd Dabermann. „Dat gelt mi nicks an! Ick segg blot, bi't Heuraten heit dat uppassen, wat de Paster einen in de Hand steckt!"

„Ick dacht äwer recht, dat süll di wat angellen, un ick hädd woll 'ne Bidd an di!" säd Jehann. – „Merweljöh! Ick hör dir laufen!" gew Dabermann tau Antwurd. „Du denkst, twei hart Pött, dei gegenenanner stöten, bekümmt dat slicht, grund dessen sall oll Dabermann – heww ick recht?"

„Na, wat denn?"
„Segg du wider!"
„Eins mit Knipern reden!"
„Stimmt! Richtig radt!" säd de Oll.
„Willst du dat daun?"
„Dat will ick!"
„Denn is jo alls gaud! Denn liggt min Sak in gaude Hänn!" Na, dat müßt den Ollen woll hentrecken, un hei versprök, an einen von de negsten Abende mit Bur Kniper tau reden. Wil dat äwer noch 'ne tämliche Tid durt, fängen wi wat anners an tau vertellen.

In't Dörp hadd einige Johrhunnerte lang de Familie Thoms lewt, un de Urahn von ehr wir de bekannte Thoms, de mit de Hamel dörchgüng. Se hadden all in en slichten Katen wahnt un gaudes Geld verdeint, sei hadden knickert un sport un rakt un schrapt, un dat was de Grundlag dortau, dat de letzt Thoms en riken Mann würd un sick 'ne rik Stadtmamsell tau Fru nehm, 'ne gebildte Dam, dei de Stadtschaul von Ur tau En'n dörchmakt hadd, blot hochdütsch verstünn un de irsten Küken de Gluck an de Bost seten wull, dat sei er sögen süll. De Deinstdirn säd tau'n Knecht, dat wir en wohren Segen, dat sei, de Fru, nich sülwst mitmelken ded, sei wir in'n stan'n un melkt de Bullen. So'n Geschichten würden naug von de jung Fru vertellt, un äwer ehr würd lacht, wenn sei sick seihn let. Dat was de Hauptgrund för Thomsen, dat hei sin Wirtschaft parzellieren ded. Wil dat nu einmal so in de Welt is, dat en richtigen Handel ahn Mittelsmann nich taustan'n kümmt, so wull keiner wat von sin Passehlen hewwen, un hei böd sei ut as sur Bier. Nu blew em nicks anners äwrig, as de Wirtschaft in'n ganzen tau verköpen, un dat ded hei, un hei kreg hunnertdusend Mark dorför von en Utslachter. Des' güng nu forsch in't Geschirr un verköft Veih un Kurn, un nu kregen mit einmal ok de Buren Lust tau de Passehlen un betahlten ungefihr dat Duwwelte dorför, as Thomas ehr affördert hadd. Un de Utslachter hett dordörch viertiggdusend Mark bi desen Handel verdeint. Un dit is nich ut de Luft grepen, des' ganz Geschicht äwerhaupt nich, dit is de Wahrheit so nakt, dat 'n ehr de Rippen in'n Liw tellen kann, un wi vertellen dat blot, wil dor för en verstännigen Mann 'ne Lihr in liggen kann. Tau des' Geschicht hürt dorvon eigentlich wider nicks, as dat de Gäuder-Utslachter hüt in'n Kraug sitt un de Buren ut't Dörp üm em rüm. Dat Hus un de Ställ sünd all verköft, de Acker is all verköft, de meisten Wischenstücken sünd all verköft, un Herr Utslachter bestellt 'ne frisch halw Tunn echt Bier, un de Buren drinken nehrig tau.

„Un nu de Wischenplan an'n Stemsenweg, föfteihn Morgen – wer will dei hewwen?"

„Tweidusend Mark!" seggt Jehann Eikstedt.

„Dreidusend Mark sünd baden!" seggt de Utslachter.

„Ick heww tweidusend seggt!" mahnt Jehann.

„Dat heww ick verstahn; äwer tweidusend Mark nehm ick nich as en Gebot an! Dreidusend Mark! Wer bütt mihr! Nu beten fix, dat wi rasch dormit dörch kamen!"

„Noch hunnert Mark!" seggt Gebhard Hasse.

Jehann Eikstedt halt sick de en Buren bisid un seggt tau em: „Lat mi de Wisch! Ick beid ok nich op de Trebelwisch, dei di beter paßt un dei wider keiner bruken kann as wi beid."

„Gaud!" seggt Hasse. – Gebhard Hasse was en ollen langen, krüchigen Mann, drög as en Proppen un tag as Karbatschenledder. De Buren künnen em all nich recht beseihn, wil hei nich ganz rendlich in'n Handel wir, un hei un Kniper güngen sick meist girn ut'n Weg.

Kniper was piksch up em, wil hei em mal mit en Fahlen anmichelt hadd. Dorför hadd hei Hassen wedder mit Klewersaat utholpen, de an sick utgeteiknet wir un blot den einen Fehler hadd, dat sei nich uplep. Dat was jo nich mihr as in Ordnung, un nu wiren sei quitt, un von ehren Handel wir wider nicks trüggblewen as de Feindschaft.

De Handel güng wider, Hasse böd nich up de Wisch; äwer de annern Buren drewen sei noch äwer vierdusend Mark rup. Tauletzt kreg Jehann Eikstedt den Tauslag.

„So", rep de Makler, „nu nehmen wi dat Wischenstück an'n Mührkenweg, wat dwas vör des' letzt Wisch liggt, un wat nah de Trebel ran schütt. Teihn Morgen! Sei 's ebenso vel wirt as des' Wisch, dei Eikstedt kregen hett, dat weit ji! Nu willen wi äwer irst eins drinken! Prost!"

„Prost!" – „Prost!"

De Kirl was hellschen mulwählig, un dat wohrt nich lang, dunn kreg Andreis Kniper för de Kawel den Tauslag.

„Nu tauletzt dat Wischenstück, wat achter des' Wisch un ok an de Trebel liggt. Ok teihn Morgen." Dit wir de Wisch, up dei Hasse dat afseihn hadd. Sei gaww dat beste Fauder, un hei günnt Knipern nich, dat dei des' Wisch ok noch instriken ded. Nu böden sei beid gnitschig gegenenanner up, un de annern putschten un drewen.

„Giww em noch en Stot!"

„Lat nich locker, Andreis!"

„Lat di nich vörbileigen, Gebhard!"

„Dreidusendnegenhunnert Mark!" rep de Utslachter. „Wer giwwt mihr? Sei is noch mal so vel wirt!"

Un in de Stuw summt un tuschelt dat, dat de Wisch dit grote Geld nich wirt wir, äwer ehr makt dat doch

Spaß, wenn einer rinfallen ded mit en düren Kop, utbenahmen, wenn sei dit nich sülwst wiren.

„Na, Andreis Kniper", säd Bur Lewerenz, „stek em noch en Ding!"

„Mihr nich einen Penning", säd Kniper, den sin Kopp all anrokt wir, bi den äwer doch de Besinnung Babenhand behüll.

„Noch twintig Mark!" säd Hasse ebendrächtig.

„Keiner mihr? De Wisch is dorför schenkt!" rep de Makler.

Äwer dor böd keiner mihr, un Hasse kreg de Wisch. Hasse un Kniper wiren mit ehr Wischen Nahwers worden, un sei füllen sick för Freud doräwer nich üm den Hals. Ehr Fründschaft, dei all stark verküllt wir, würd dörch desen Kop nich en beten warmer. Kniper hadd em de Wisch hübsch in de Höcht drewen, dat was sin Freud, un Hasse hadd de best Wisch wegsnappt, dat was den sin Freud. Eikstedt was ok recht taufreden. De Wischenplan, den hei köfft hadd, schöt an sin eigen Wisch, un hei wir Nahwer mit Hasse un Kniper worden, de dwas gegen em nah de Trebel tau legen.

Dat hürt sick langwilig un drähnig an; äwer wi möten bidden, dit noch eins tau lesen; denn üm desen Punkt handelt sick de ganz Geschicht.

Am taufredensten wir de Gäuderutslachter, dei viertigdusend Mark insackt hadd un sick in de Fust lacht.

De gerichtliche Uplatung würd bald besorgt, un de nigen Eigendäumers führten nah ehr Wischen un leten sei meigen; denn 't was grad Heuaust, un Feller un Wischen wiren mit Saatenstand un Fauder verköft worden.

Thoms treckt as Rentjeh in de grot Stadt un handelt in'n stillen mit Kurn un Veih.

Wenn Hasse nah sinen eigen Wischenplan führen wull, denn wir dor nich anners hentaukamen, as dat hei äwer Jehann Eikstedt sin Wisch führt. Thoms hadd dat ok ümmer dahn, johrelang, un Jehann hadd nicks dorgegen hatt, un hei hadd nicks dorwedder, wenn Hasse dat nu ok so makt.

Kniper hadd en Daglöhner mit Namen Gries, dat was en sihr uperweckten un upverklärten Geist, wenn hei ok nich dornah utsach. Up'n Kopp drög hei en Haut, as noch nie und nirgend Mod west wir, de breide Kremp hüng rundüm dal, üm den Hals hadd hei en dickes Halsdauk wrümmelt, wil hei sick ümmer Verküllung vermauden wir, sin Jack was utkelürt un sin Stewel hadden vörn dat Mul open reten as en Hekt, dei nah en Bors snappen deiht. Gries was abonniert up de Zeitungen, de hei up de Strat fünn, un hei sett't sick von wegen den gelihrten Anstrich girn abends up'n Süll von'n Pirdstall un kek in de Zeitung.

Hüt abend hadd hei sick an'n Swinstall lehnt un kekt ümschichtig nah'n Stall rin un denn wedder in de Zeitung. Un denn schüddelt hei 'n Kopp, wil in beiden wat stünn, wat nich in Ordnung wir.

„Na, Gries", säd de Bur, dei äwer den Hof güng, „wat hett hei dor?"

„Je, Herr", gaww de Daglöhner tau Antwurd, „dat is man datjenig Deil, dat oll Snurrsch vör acht Dag hier nah'n Stall ringrient hett, un nu kümmt mi dat so vör, as wenn de Swin ümmer lütter warden, un sei smiten sick up den Rüggen un wahlen sick!" Kniper kamm nah den Stall ran un kek in de Buchten. Hei kunn äwer nicks Verdächtiges un kein Hexerei seihn un meint: „Mi dünkt, sei nehmen sick recht gaud tau!"

„Je, oll Snurrsch –"

„Ach, oll Snurrsch! Hett hei sünst noch wat?"

„Ne, eigentlich nicks nich! Sei warden 't jo ok all in

de Zeitung funnen hewwen! Kiken S' hier – all wedder en Schipp unnergahn!" Un hei wist em dat Bild von en Schipp, wat den Kiel baben un de Masten unner hadd.

„Wat?" säd Kniper. „Hei hölt jo de Zeitung verkihrt! Dreih hei mal üm! Süh dor! Dit 's de Gripswoller Damper nah Saßnitz!" Un hei lacht, un Gries grunzt wat von Ulenspeigelkram un stek rasch de Zeitung weg.

„Segg hei mal eins, wo kümmt Hasse eigentlich nah sinen nigen Wischenplan hen, dei an unsern schütt?" fróg de Bur.

„Hei führt äwer Eikstedten sin Wisch, so as Thoms dat früher makt!"

„So, so! Paß hei äwerst up, dat hei nich äwer uns' Wisch führt! Dat will ick nich hewwen!"

„Ick ward woll uppassen, Herr!" säd Gries. „Süh, dor kümmt Herr Dabermann!"

„Gun Abend, Andreis!" säd de oll Lihrer.

„Das is recht, Dabermann! Gun Abend ok! Kumm nah de Stuw rin!" nödigt de Bur.

„Ne, wi willen up de Bänk vör de Dör sitten, dat Wedder is schön!" säd Dabermann, dei jo mit den Buren allein reden wull.

„Ok gaud!"

Un sei güngen vör de Dör un sett'ten sick dal. So, nu handelt sick dat för em dorüm, de Frigensgeschicht so bi lütten intaufädeln un in'n Swung tau bringen. „Andreis", fung hei an, „siehst du den Mond da boben?"

„Wo Deuwel, wat föllt di in? Du redst jo woll hochdütsch?"

„Laß mir; es hört sich doch – nach etwas an! Der Mond nimmt sich jetzt stark zu – ganz wie das menschliche Leben!"

„Woans meinst du?"

„Welchmals ist der Mond wie 'ne ausgewachsene Person, so vüllig wie du, dann geht's bargdal wie bei mir, und zuletzt kommt de Finsternis!"

„Ganz richtig, äwer wat sall dit?"

„Es ist bloß bildlich – und nun red nich dormang, daß ich den Faden nicht verlier. Sieh mal, wir Menschenkinder tragen alle geflickte Hosen – nein, ich meine, wenn der Mensch so weit ist, wie jetzt der Mond, so mag er nicht mehr allein auf der Erde rumdwallen, un dann stähnt er dem Mond seine Wehtage vor, und es ist ein posatives Naturgesetz, daß die Menschen heuraten; denn die Ehelosigkeit kann man nicht vertragen!" De oll Mann wischt sick den Sweit von't Gesicht, wil em de Red angripen ded.

Wo dit woll rut will, dacht Kniper wischt sick äwer de Ogen, wil hei meint, dat em Verschiedenes bisterig utsach.

„Und nun weiter der zweite Teil, Andreis. Da gibt es Väter, die haben allerhand verfluchte Faxen mit ihren lieben Töchtern im Kopf und wollen sie an Leute weggeben, die aus lauter Vornehmheit die Buttermilch mit der Gabel essen und die Rosinen in den Sirup stippen, du verstehst mir doch?"

„Ne", säd Kniper. „Wenn ick ihrlich sin sall – nich de Spier!"

„Hm, dann muß ich dir näher kommen! Du hast deine Frau mit einer Tochter beschenkt, und deine Tochter ist ein komformables Mädchen, Andreis!"

„Meinst du dat?"

„Das mein ich, was meinst du zu Jehann Eikstedt?" De Bur kek em fragwis' an.

„Jehann Eikstedt", säd Dabermann wider, „behelft sich bloß mit 'n Dienstmädchen, welches die Kühe melkt, un den Dienstjungen!"

„Den melkt sei ok?"

„Ih, dummes Zeug, Andreis, du verstehst kein Hochdeutsch, in seine Wirtschaft gehört 'ne Frau, verstehst du?"

„Wat sall dat heiten? Wat geiht mi dat an?"

„Viel! Ich weiß, daß du den Bregen voll hast von Doktors un Professors. Deine Tochter soll 'ne Stadtdam werden, und die Stadt ist 'ne ungesunde Luft for die Bauerndirns. Die müssen auf dem Dorf bleiben, da ist 'ne ozeanreiche Luft for ihnen! Und kurz und gut, deine Anna ist 'ne paßliche Frau für Johann Eikstedt!"

„Min Dochter?" säd de Bur. „Dat wir woll so'n Gericht för sin Wirtschaft! Wo kümmst du up so'nen Kinnerinfall?"

„Bleib ruhig besitzen –" wull de Lihrer anfängen; äwer Kniper säd: „Dat spor di; ick will ok gar nich weiten, ob du Updrag kregen hest; dat is mi tau wenig, dornah tau fragen! Eikstedt kann sin Netze annerwegt utsmiten, mi fängt hei nich dormit!" Un hei fohrt up'n Hof rum as en Swärmer, de anbrennt is. Ein Deil wußt de gaud Bur nich, un dat wir dat, dat sin Dochter un Jehann Eikstedt sick einig wiren, sünst hädd hei sick woll nich so gebärdt. Un gebärden ded hei sick dorüm so, wil hei den Schaulmeister wisen wull, dat hei mit sin Geld en beten mihr tau bedüden hadd as de annern Buren.

Hei redt mit Dabermann noch en poor Würd von anner Dingen, un de Klock was teihn worden, dunn kamm sin Dochter den Dörpweg entlang, un de oll Lihrer makt sick ut'n Rok.

As Anna vör de Dör ankem, säd ehr Vadder: „'t is en schönen Abend, willst du noch en beten sitten gahn?"

„En Ogenblick", säd sei. „Sünst is't Tid tau'n Beddgahn." Un sei sett't sick bi em hen.

„Büst du bi Line Dreiws west?" frög hei.

„Ne", säd sei, „ick heww in't Feld spaziert!"
„Ganz allein?"
„Ne, Jehann Eikstedt wir ok dor!"
De Vadder verfiert sick, dat sei dit so drög rut säd.
„Hewwen ji juch all öfters drapen?" frög hei beten stamerig.
„Ja, all öfters!"
„Woll taufällig?"
„Ne, wi hewwen uns dat verafredt!"
Den Ollen würd ümmer swäuler, un hei trugt sick nich uptaukiken, as sei den gräunen Töller up ehren Kopp en Fuck gew, dat hei unverschamten scheif un drist up den Kopp set, so as sühst mi woll un kumm man ran, wenn du wat willst!
Nah 'ne Wil frög hei: „Is di dat gaud naug, mit Jehannen tau verkihren?"
„Ja, wi sünd uns einig, un wenn du mi nich dorup hulpen haddst, denn hadd ick dorvon anfangen; ick heww em dat hüt abend verspraken. Un hei ward morgen kamen un mit di un Muddern reden!"
„Weit Mudder dat denn all?"
„Ick glöw woll!"
„Ick hadd di eigentlich tau wat Högeres uterseihn, Anning – tau 'ne Pasterfru oder so wat!"
„Weißt du en Paster, dei mi hewwen will?"
„Ne, dat grad nich!"
„Oder wat anners?"
„Ne, ok nich!"
„Dat is ok recht gaud, un gegen Jehann hest du doch nicks intauwenn'?"
„Hm", säd de Oll un stünn up. „Nu is't woll Beddgahnstid!"
Un in't Bedd dacht hei wider äwer de Sak nah, dei nu äwer gründlich en anner Gesicht kregen hadd. Hei

hadd sin Dochter vel tau leiw, as dat hei ehr entgegen sin künn, un gegen Eikstedten was nicks intauwennen, wenn hei ihrlich sin wull. Un mit desen Gedanken läd hei sick up de Sid un slep taufreden in.

Den annern Morgen bädelten de Austwagens dörch't Dörp nah de Wischen, un dat Heu würd inführt. De Knechts un Mätens stakten up, un de Buren führten de vullen Fauders in de Scheunen un de leddigen wedder up de Wisch.

Gebhard Hasse führt äwer Eikstedten sin Wisch, un Jehann begrüßt em fründlich un dacht, dat müßt man so sin.

Gegen Vörmiddag kümmt ok Andreis Kniper sülwst nah de Wisch, hei set stur op de Sadelmähr un sprung flink af. Ok hei grüßt nah Jehann Eikstedt räwer un seg dat grad mit an, wo Hasse mit en vull Fauder äwer Jehannen sin Wisch führt. Dunn kamm em en scharpen Gedanken. Hei güng an de Scheid von sin un Eikstedten sin Wisch un rep em.

Jehann kamm ilig antaulopen; denn gegen en taukamen Swiegervadder is jederein kumpelsant.

„Jehann", säd Kniper, „littst du dat, dat Hasse so mir nichts dir nichts äwer de Wisch führt?"

„Je", säd Jehann, „dat schadt de Wisch jo nich vel!"

„Wat giwwt hei di denn för dit Recht?"

„Nicks", säd Jehann, „ick würd ok nicks dorför annehmen."

„Hett hei di denn üm Erlaubnis fragt?"

„Ne, dat hett hei nich!"

„Ick lett mi dat nich gefallen, Jehann, versteihst du?"

„Je, dat is so'n Sak, ick mag mi dor ok nich gegen leggen!"

„Äwer du deist mi en Gefallen, wenn du em dat verbüttst!"

Jehann kratzt sick achter de Uhren un säd: „Hasse hett mi tau Gefallen up dit Wischenstück nich baden, un hei kann jo sünst äwerhaupt nich nah sin Wisch rankamen, höchstens, wenn du em de Erlaubnis gewst, äwer din Wisch tau führen!"

„Ick ward em wat bi Erlaubnis! Worüm köfft hei so'n Wischen, wo nich rantaukamen is – dat is jo sin Sak! Un wat du sünst noch sädst – dat glickt sick jo dormit ut, dat du up sin Wisch ok nich baden hest! Äwer dau, wat du willst! Du müßt jo am besten weiten, ob du mi oder em tau Gefallen sin willst!"

Na, dit was en schönen Tee. Sinen Swigervadder wull hei nich vör'n Kopp slahn, un Hassen wull hei ok nich entgegen sin. „Ick will eins mit em reden!" säd Jehann. „Dau dat!" säd Kniper, „un denn kik eins bi mi in un vertell mi, wo dat afgahn is!" Hei gew em de Hand, un de beiden güngen wedder an de Arbeit. Kniper was en rechter Heid un Unchrist, hei hädd nu jo nah Hus führen künnt; äwer dat füll em nich in, hei let en Knecht führen un läd sick up't Uppassen. Dat durt ok nich lang, dunn kamm Hasse wedder an, un Jehann güng achter sinen Wagen her. As de Pird stünnen, dunn rep Jehann Hassen nah sick ran.

„Na, wat is't?" frög Gebhard Hasse.

„Je, dat is man", säd Jehann, den hellschen swaul tau Sinn wir, „du führst hier ümmer äwer min Wischen! Dat geiht woll eigentlich nich?"

„Wat schadt di?" frög Hasse verwunnert, „du hest Thomsen früher doch nich eins wat seggt!"

„Dat is woll richtig; äwer tauletzt ward de Sak tau en Recht, un ick heww denn äwer min eigen Wisch nicks tau seggen!"

„Na, Jehann, ick will di recht wat seggen; ick weit all, ut wecker Lock de Wind pipt, un ick weit, wo't gefochten is! Du mitsamt Andreis Kniper känen mi beid gewogen bliwen; ick führ äwer de Wisch, dat du dat man weißt, so oft un so lang as ick will, un mi is't gruglich egal, ob di dat paßt oder ob du din gnädig Erlaubnis giwwst! Nu, lat di't gaud gahn, bliw hübsch gesund und häud di vör'n Ostwind!" Dormit peikt hei af un lacht spöttsch.

So, dat hadd Jehann nu. Dit was de irst Frucht, dei em de Leiw tau Knipern sin Dochter in'n Schot smet: de Feindschaft mit Bur Hasse. Hasse makt de Lüd in'n Dörp vel Kopterbreken; de meisten hadden mit den verninschen Gast all Spermang hadd, un jeder nehm sick vör em in acht.

Hasse hadd en lütten Jung bi Dabermann in de Schaul, un an den hadd de Schaullihrer ok sin Freud. De Jung hadd em hüt en Breif von sinen Vadder mitbröcht, un dorin stünn schrewen:

Wilstu meinen Sohn nicht sone schweren rechen-exempel aufgeben er kann sie nicht rechnen wenn 16 liter Bier 32 halbe literflaschen voll machen, wie viel halbe literflaschen machen 5 liter Bier voll ist zu schwer er wollte garnicht zur Schule bisers raus hat so habe ich 5 liter Bier kaufen müssen und mit alten Flaschen versucht ich habe immer vollgemacht und er hat aufgeschrieben etwas ist vorbeigelaufen 12 Flaschen wird richtig sein du mußt mit Wasser rechnen lassen Bier wird zu teuer.

Achtungsvoll Gebhard Hasse.

Dabermann wunnert sick nich wenig, as an desen Abend Hasse em en Besäuk makt, hei dacht, hei wull em noch in eigene Persönlichkeit wegen dat Exempel tau Fell, un so füng de Lihrer denn furtst an: „Hasse, das Exempel war bißchen schwer, das weiß ich selbst, aber der Schulrat will ja, daß ich sone rechnen lasse, und sagt, daß die Schulen expreß deswegen angelegt sind, um die menschliche Dummheit zu stillen!"

„Dat is nu Nebensack un afmakt", säd Hasse, „ick will mal blot din Meinung wegen 'ne anner Sak hüren; denn en Schaullihrer is doch ümmer en Mann, wenn hei nich 'ne Fru is, wat upsteds jo ok vörkümmt!"

„Merweljöh!" säd Dabermann.

„Segg mal eins – würdst du en Swinsschinken bruken känen?"

„Einen ut de Päk?" säd de Lihrer. „O jo! Wat sall hei kosten?"

„Ne, en frischen – ick will slachten! Kosten sall hei nicks, blot du kannst mi den Gefallen dauhn un mal mit Eikstedt reden, dat hei wegen de Wisch keinen Strit anfängt! Ick wir nich hergahn, äwer min Frugenslüd hewwen mi in de Uhren legen, dat du dat wedder tau Schick bröchtst!" Un hei vertellt em de Geschicht un säd ok, dat Andreis Kniper dor achter stek. Sin Lüd hädden em vertellt, dat sei beid de Köpp tausamensteken hädden. As sei noch doräwer redten, segen sei Jehann Eikstedt den Dörpweg rupkamen, un Hasse makt sick ut de Achterdör ut'n Rok. Dabermann wir mit eins twischen twei Für nahmen. Hei süll Jehannen sin Sak utfechten, wat hei ut Fründschaft girn daun wull, un hei süll Hassen helpen, wat hei von wegen den Schinken afslut nich afslahn künn. So kreg hei Jehannen furtst in Gedräng un redt von Verstand annehmen un Versöhnlichkeit un düdt em de säben Bitten ut, bet Jehann säd: „De Geschicht ward woll wedder tau Schick kamen – Hasse is en groten Ekel un hett mi niederträchtig anrort –; nu äwerst vertell mi, wat du mit Andreis verhandelt hest!"

Dabermann läd em mitleidig de Hand up de Schuller un säd: „Schlag dich das aus'm Kopf mit Anna, Jehann! Ich weiß, wo es im Innern eines Menschen beschaffen ist, wenn die Liebe überkocht. Aber es wird nichts! Andreis ist en ollen Isegrimm und tat wie'n Kusak, als ich ihm auf den Zahn fühlte und sprung auf, als wenn ich ihm heiß Wasser auf die nackten Füße gegossen hatte! Jehann! Gegen die Macht von das menschlichte Auge kommt in der Welt nichts an. Wille Tiere werden zahm und kraufen in die Ecke rein und Wahnsinnige beruhigen sich und lassen die Ohren hängen. Nun sieh mich mal an: So farusch kuckte ich ihm an und durchbohrt ihm binah mit die Augen; aber ich hab ihm wohl nicht lang genug angekuckt, er kraufte nicht in die Ecke und ließ die Ohren nicht hängen! Er hat einen sturren Sinn, und es wird keine Bücks mit euch!"

„Na", säd Jehann, „wenn hei so will, denn ward ick mi häuden un sintwegen mi mit Hassen vertürnen!"

„Das tu nich, Jehann, dau dat nich!" säd Dabermann, un hei dacht an den Schinken, „Hasse ist doch gar kein schlechter Mensch, wenn er auch meine Exempeln nicht rechnen kann und gleich forsche Briefe schreibt!" – Jehann Eikstedt güng af, un wil hei sick doch einmal Gewißheit verschaffen wull, so makt hei sick stramm un fast up'n Weg nah Knipern.

Andreis Kniper stunn up'n Hof mit de Fork in de Hand un sach ut as en allegorisch Wesen ut de oll Heidentid, blot dat hier jederein wüßt, wat hei mit sin

Fork tau bedüden hadd. De Pirdstall was jo in de Neg.

„Ick kam glik", rep hei Jehannen tau, „Anna is in de Stuw – gah man rin!"

Na, dat hürt sick all anners an, as wat Dabermann seggt hadd. Hei verget sin ganze Anred, dei hei sick utdacht hadd, un güng rin. Anna set achter'n Disch un verhürt de Mettwust un Bonensupp den Text un et nürig wider; denn wat so'n verleiwt Dirn alls tau Bost slahn kann, dor hett kein Minsch en Begriff von. Hei sett sick hen bi ehr un kek bi de Operatschon tau un frög ehr, weckern Sinns ehr Vadder wir. „Red man mit em!" säd sei un kek em wacht an. „Tau Not bün ick ok noch dor!"

As de Bur endlich rinkem, güng Jehann furtst up em tau un säd frischweg: „Andreis, ick möt di fragen, wat du woll inverstahn büst, wenn din Anna min Fru ward!" So, nu wir't rut. Nu tow man los! dacht Jehann.

Äwer Kniper säd: „Anna, hal en poor Buddel Stickelbeerwin un Gläser rin!" Un as sin Dochter upsprungen un rutgahn wir, gew hei Jehannen de Hand un säd: „Du sallst ehr hewwen, Jehann – un mit Hassen bliwwt dat so, as wi afmakt hewwen!"

Jehann müßt noch kortfarig vertellen, wat hei mit Hassen hatt hadd, un hei trugt sick nich, Inwennungen gegen den Ollen sinen Willen tau maken.

„Wenn hei noch mal äwer de Wisch führt, denn verklagst du em!" säd Kniper.

„Dat mücht ick eigentlich nich girn!" säd Jehann.

„Denn kriegst du min Dochter nich!" säd Kniper.

„Du hest mi äwer eben din Wurd gewen!"

„Dat kannst du behollen, min Dochter beholl ick!" säd de Bur. – „Ja, denn möt ick woll", säd Jehann. „Mi bliwwt woll wider nicks äwrig! Äwer ick dau dat mit Wedderwillen!" –

„All egal, womit oder womit nich! Wenn du't man deist!" säd Andreis Kniper, un nu drünken sei in den Stickelbeerwin, un spät abends tuddelt de Brüdgam selig nah Hus un füll up de Dörpstrat mit de grötste Fixigkeit üm, as wenn hei en Russ' wir, dei beden will. Indessen so wat hürt jo mit tau 'ne gesunne un rühren- de Verlawung.

Na, denn helpt dat nich, dacht Jehann. Wat deit 'n nich all wegen 'ne Fru! Wegen 'ne Fru scheiten sick de Lüd Löcker in'n Buk, fängen grote Kriege an, danzen ganze Nächte dörch, laten sick an de Näs' ledden, halen Parlen ut't Water, störten sick in Schulden, prop- pen sick bet baben vull mit Liebenswürdigkeit, vergif- ten sick mit Dint as Korl Dwors oder springen nah't Water rin as anner Narren, un Jehann süll deswegen nich en Buren verklagen? Dat was jo man Kinnerspill gegen all dit anner.

Un nah acht Dag hadd Jehann all Buer Hassen ver- klagt, un oll Dabermann lurt up den Schinken, un as em de Tid lang würd un hei den Jungen frög, ob sei denn noch nich Swin slacht't hädden, dunn gaww de Jung tau Antwurd: „Ne, dat Swin is wedder gesund worden!"

As Gebhard Hasse de Vörladung tau'n Termin kregen hadd, dacht hei: Unser Wissen und Verstand ist mit Finsternis umhüllet, beter is beter un seker is seker, ick gah in de Stadt un befrag mi de Sak mit den Afkaten!

Un so kem hei bi den Afkaten antausnuwen.

De Afkat was en lütten dicken Mann mit 'ne Näs in't Gesicht, de wat Reelles wir un dei in't Gewicht füll un dei ehr rod Farw echt wir. Hei hadd en duwwelt Kinn, en dicken Snurrbort von gellerich Kalür, un up de Back en swarten Placken, so grot as en Bücksen- knop, 't is äwer nich bekannt worden, ob hei sick dormit de Backen up- un tauknüppen ded. An sin Uhrked bammelt en Bündel Pitschafte, dei vör den Buk klapperten un klingelten, wenn dei sick rögen ded. Hei wir en rechten Minschenfründ un mücht för sin Leben girn Rotspohn un Buren liden, hei was sihr för Freden un Einigkeit un säd tau sin Kundschaft, sei süllen sich doch verdrägen, wenn hei wüßt, dat sei dat nich daun würden. Hei kennt Hasse recht gaud un wüßt, dat dit grad so en Dickkopp wir as de annern Buren.

„Also Eikstedt will sich dat nun nicht mehr gefallen lassen! Ja, Fründ Eikstedt, dor häddst du ihrer an denken müßt!"

„Dat mein ick ok!" säd Hasse, de nu Maut kreg.

„Hei hett nich doran dacht, dat so'n Gewohnheit mit de Johren tau en Recht verharten deiht, tau en Privilegium, wie es heißt! Sie wissen ja, was das ist?"

„Ne", säd Hasse, „wat is dat?"

De Afkat nehm en Bauk tau Hand, let de Bläder äwern Dumen lopen un les' em dunn vör: „*Die im positiven Recht gegebene Regelung geht in der Berücksichtigung von Besonderheiten oft so weit, daß sie sogar den nur bei einem einzelnen Verhältnis oder bei einer einzelnen Person oder bei einer nicht durch den Art- oder Klassenbegriff verbundenen Mehrheit einzelner Verhältnisse oder Personen obwaltenden Besonderheiten und Eigentümlichkeiten Rechnung trägt und dabei besondere, vom gemeinen Rechte abweichende Normen schafft, welche nur für dieses einzelne Verhältnis, für diese einzelne Person oder für die bezeichnete Mehrheit von Verhältnissen oder Personen gelten, und solche Normen nennt man Privilegien.* Dat is doch 'ne einfache Sak, nich?"

„Ja", säd Hasse un kek nah den Bücksenknop up de Afkatenback. In em was mit einmal en helles Licht äwer sin Privilegium upgahn, as dat nah so'n klore un einfache Utenannersettung ja ok nich anners sin künn.

„Sei müßten sick mit Eikstädten verdrägen!" säd de Afkat indringlich un hakt sin Finger nah Hassen sin West rin. Hei wüßt ganz genau, dat sin gaud Rat ungefihr grad so vel utrichten ded, as wenn 'n 'ne verleiwt Katt anraden deit, sei sall nich maugen. Hasse hürt denn ok wider nich dorup un säd: „Also Sie meinen, dat em dat an'n Kragen geiht?"

„Min leiw Herr Hasse, mit uns Anwälten ist es grade so wie mit den Ärzten, as mit de Dokters! Dei känen ok keinen versprecken, du wardst wedder gesund, denn dat wir jo unsinnig, so wat tau seggen, wenn sei ok genau sick seggen, de Mann möt jo gesund warden, indem dat em jo nicks schadt! Also versprecken? Ne, dat is nich, dat weiten Sei jo ok, äwer äwernehmen dau ick natürlich Ehr Sak. Sei weiten jo, denn is sei in gaud Hand!"

Hasse nickköppt ihrfürchtig, giwwt em de Hand, in dei nu de Prozeß leg, un güng recht taufreden wedder nah Hus.

As hei in't Wirtshus mal mit Dabermann tausamen kem, gaww de oll Mann em ok en Rat. Hei säd: „Lat dat nich tau en Prozeß kamen, einigt juch leiwer. Wat ick dorbi daun kann, dat sall gescheihn, un ick weit ok en Weg, wo ji tausamkamen känen!"

„Un wecker wir dat?" frög Hasse, dei den Prozeß jo all so gaud as gewunnen in de Tasch hadd.

„Segg em, dat du em jedes Johr twei oder drei Dag in de Wirtschaft helpen willst, denn lett hei di den Weg fri, un ick wirk dat bi em ut un sinen Swigervadder!" säd Dabermann. „Nich 'ne Viertelstun'n help ick em!" rep Hasse, „dat ward jo grad de Hauptlust, dat hei mi äwer sin Wisch räwerführen laten möt gegen sinen Willen! Weißt du, wat en Timolewium is?"

"Ne!" säd Dabermann.

"Na, des' Weg is ein, dat is en Verhältnis un 'ne Mehrheit un 'ne Reknung, un hei kann mi dat nich verbeiden!"

Un nu güng dat los mit de Termine. Dor kamm en Termin bi't Amtsgericht un denn 'ne Lokalbesichtigung un denn wedder en Termin, un Hasse füll mit sin Privilegium rin, so vel as de Afkat ok dorvon redt, un em würd dat verbaden, äwer de Wisch tau führen; denn wat Eikstedt in frühere Johren mit Thomsen afsnackt hadd, dat güng keinen wat an, dat wir en *Privatabkommen.*

Hasse verlür vör Verwunnerung binah mihr Verstand, as hei äwerhaupt in Pacht hedd, hei besöcht wedder sinen Fründ Afkat, un as dei em nu raden ded, sick mit Eikstedten up irgendeine Ort tau einigen, säd Gebhard, ob hei denn nich ümmer betahlt hädd, wenn hei em en Prozeß äwerdragen hädd.

"Dat hädd hei", säd de Fründ un spelt mit de Pitschaften.

"Na, un wi gahn wider, seihn S' man tau, ob Sei nich in ein Eck von Ehr Bäuker wat finnen, so 'nen lütten Baragrafo, wo wi em mit faten!"

"Wenn Sie weitergehen *wollen,* widergahn willen, denn natürlich!" säd de Afkat.

Un hei bröcht de Sak in Swung, un Hasse rew sick in Hoffnung un Freud all in'n Vörut de leddern Bakken, un de Afkat rührt en schönen Deig an un smet en poor Hän'nvull Paragraphen dormang, un de Sak güng an't Landgericht. Dor kemen Tügentermine un Besichtigungen von de Herrn Landrichters un denn en poor anner Termine, un Bur Hasse güng rüm in't Dörp so gnitschig un verbeten un towt un flucht bi alle Sakramenten, dat de Papst noch von em hädd lihren künnt. Denn dat Gesetz is en scharp Balbiermetz, wat recht schier un glatt balbiert un männigmal den, dei't sick gornich vermauden is. Un ditmal hadd't eins wedder Bur Hassen bi de Näs' kregen un em äwerschrapt, un Hassen sin Geldbüdel würd so swack un slapp dorvon, dat hei sick drist dormit hädd de Ogen wischen künnt, ahn dat't em weih dahn hädd. Äwer in Ställ un Schünen is jo naug, wo't sick wedder mit füllen let, einer möt blot den Maut nich verlieren.

Un de Prozeß güng wider bet nah't Oberlandesgericht, Hasse let dat Gericht gor nich tau Aten un Besinnung kamen.

Eikstedt let em seggen, hei süll em jedes Johr einen Dag in sin Wirtschaft helpen, denn künn hei so vel äwer de Wisch führen, as hei wull, un Andreis Knieper wir sihr dormit inverstahn west; denn so wid hadd hei de Feindschaft nich driwen wullt, dat Hasse en Vermägen dorbi los würd. Äwer Hasse wir en steinschen un dickköppigen, gnatzigen Gast. Dei hädd nu jo nich nahgewen, un wenn 't üm de ewig Seligkeit gahn wir.

De Dörplüd hadden in des' Tid naug tau judiziren un tau reken, wat de Prozeß woll in'n Ganzen kosten würd, sei hadden ok ehr stillen Freuden äwer allerhand Hansbunkenstreich, dei nachts bedrewen würden.

As Jehann Eikstedt eis Morgens upstünn, würd hei gewohr, dat alle Finstern von sinen Hus' mit Wagenfett inteert wiren, un Andreis Kniper würd in ein Nacht dörch 'ne frömde Stimm upweckt. Hei süll rasch upstahn, sin best Melkkauh wull eben sticken, sei hädd sick an 'ne Wruck versluckt. De Bur sprüng up, treckt sick notdürftig an un lep nah'n Kauhstall; äwer dor wir alls gesund. Hei läd sick argerlich wedder tau Bedd, un as hei an'n Morgen na'n Hof rutkem, säd Gries tau em, dat de Pump kein Water gewen wull, indem dat dor Wrucken nah't Pumpenlock rinpremst wiren. Endlich kem ut Stettin de Bescheid, dat Hasse den ganzen Prozeß verloren hädd, dat hei nich äwer de Wisch führen dürft un nu man betahlen süll.

Dat was en sweren Gang för em nah den Afkaten, as hei dor blank trecken müßt, un as hei dit besorgt hedd, säd hei tau em: „Herr Afkat, wenn Sei nich doräwer reden willen, mücht ick Sei woll en Geheimnis anvertrugen, woan Sei vel gelegen is; äwer Sei möten 't nich wider seggen, verspreken Sei mi dat?"

„Gewiß", säd de Afkat, „ich rede nicht darüber, das versprech ich gern, ick gew Sei min Wurd, wat is't denn?"

„Denn gewen S' mi de Hand dorup!"

„Hier!" säd de Afkat.

„Na, nu hüren S' tau! Sei sünd de grötst Esel in ganz Pommerland!"

De Afkat sprüng up, as wenn em 'ne Brems' steken hädd, un schreg: „Wat? En Esel, seggen Sei?"

„Verhitzen S' sick nich, Sei wullen nich doräwer reden! Ick heww Ehr Hand dorup!" Un dormit güng Bur Hasse af un von'n Afkaten furtst nah't Gericht, wo hei 'ne Klag gegen Bur Kniper anbröcht, dat *dei* em de Erlaubnis gewen süll, äwer sinen Acker tau führen. „Dat möten Sei schriftlich inreiken", säd de Schriwer, „laten S' sick dat von en Afkaten upschriwen!"

Un so reist' Hasse mit 'ne Drucht Papieren nah en annern Afkaten in 'ne grot Stadt un drög em sinen Fall vör.

„Ich werde die Sache nicht eher übernehmen", säd dei, „bis Sie mir nachgewiesen haben, daß Sie versucht haben, eine Vereinbarung mit Kniper zu treffen! Bieten Sie ihm eine Summe Geldes für das Recht, über seine Wiese zu fahren – vielleicht 200 Mark, und wenn er darauf nicht eingeht, dann will ich den Prozeß für Sie übernehmen. Anders nicht – guten Morgen!"

Dat Gras schöt lustig un gräun tau Höchten, un 't sach nah'n riken Heuaust ut, un Hasse künn nich nah sin Wisch rankamen. Em was dat stark entgegen, mit Kniper tau reden, un so söcht hei sick wedder den ollen Mittelsmann in't Dörp ut, den ollen Dabermann, dat hei mal mit Kniper en vernünftig Wurd reden süll.

„Wat an mi liggt, dat sall gescheihn, Gebhard", säd de Lihrer, „un ick will mi dat gefallen laten, dat hei mi anrort; äwer dat is jo lachhaftig un gegen alle Gesetzen, dat du 'ne Wisch hest, wo du nich rankamen kannst!"

„Du künnst em eins vörslahn, ob hei mi nich de Wisch afköpen will", säd Hasse. „Hei sall sei för sößdusend Mark hewwen – ick verlier denn noch en ganz Deil doran!"

„Will ich allens tun, Gebhard", säd Dabermann, „aber nimm es mich nicht übel, eigentlich mußt du zu ihm gehen und ihm die Hand hinhalten!"

„Na, gaud!"

Un an einen von de negsten Abende kamm de Fredensbad wedder in't Knipersche Hus an, füng mit sin Vertelles bi Adam un Eva an un fäuhlt sich dann so sacht nah sinen Updrag ran. „Ne", säd Kniper, „de Wisch will ick nich hewwen; sei is mi tau dür, un ick heww naug Wischen!" – „Sei nich so pernottig, Andreis! Die Sache muß doch aus der Welt, denk doch bloß, es wäre deine Wisch – was sagst du dann? Glaubst du, daß sie dir viel Freude machen würde?" – „Ne, dat glöw ick nich", säd Kniper. „Äwer mi freugt dat doch, dat hei nu mör is un üm gaud Weder bidd't!"

„Na, Andreis, das ist ein verständig Wort, und mich freut es, daß du nicht verstockt bist wie der König Pharao! Nun redet euch ordentlich aus, und dann striegel ihn nicht länger, die Jagd muß 'ne Endschaft kriegen! Nun ist sein Geldbeutel auch genug zur Ader gelassen!"

En poor Abende späder kamm Hasse de Dörpstrat rup un sach in sinen langen verschatenen swarten Rock ut as en oll Gesangbauk. As Kniper em gewohr würd, rep hei sick sinen Daglöhner, dat hei för alle Fälle en Tügen hadd. „Nu hür hei gaud tau", säd hei, „'t is all nich tau weiten, wat Hasse för Fisematenten in'n Kopp hett! Dei is slimmer as en Farkensteker!"

Un sei keken beid verluren nah de Ställ rin un deden so, as wenn sei nich gewohr würden, dat Hasse up'n Hof kam.

„Gun Abend, Andreis!" säd Hasse un gaww em de Hand. „Hest du mit de Oderbräukschen ok Käuh handelt?"

„Ne", säd Kniper, „ick beholl dit Jahr all min Veih!"

„Ick heww düchtig verköpen müßt", säd Hasse wider, „un ward woll noch mihr Käuh weggewen möten, wenn dat nich anners mit min Wisch ward. Darüm kam ick her. Ick möcht mi mit di einigen. Wenn ick di Geld gew oder 'ne gaud Stark, würdst du mi denn de Erlaubnis gewen, äwer din Wisch tau führen?"

Kniper kek 'ne tidlang nah't Schündeck rup un was innerlich sihr taufreden, dat Hasse so lütt worden wir. „Dat lett sick woll maken", säd Kniper, „doräwer känen wi uns einigen!"

Gries stunn dorbi un ret dat Mul open, dat em nicks von de Unnerhollung verloren gung.

„Wat hett hei hier tau mulapen?" fohrt sin Brotherr em an. „Wat steiht hei hier rüm, kann hei nich nah de

Ställ ringahn?" Hei brukt em jo nu nich mihr, hei hadd jo mit anhürt, dat Kniper sick um en glattes Ja rumdrängelt hadd, un nu wull hei em nich mihr as Tügen hewwen. Gries makt sick ut des' Gegend ok weg, un de beiden Buren wiren allein.

„Ick heww mi so dacht, dat ick di 150 Mark för dat Recht gewen wull", säd Hasse. „Wat meinst du dortau?"

„Hm!" säd Kniper, „dat äwerlegg ick mi noch! Eigentlich müßt du noch extra wat tauleggen för dinen niederträchtigen Streich mit de Wrucken in't Pumpenlock!"

„Gun Abend!" säd Hasse un dreiht sick üm. Un dor güng hei af.

Kniper kek argerlich achter em her un freugt sick, dat hei em nicks verspraken hedd. Täuw, di heww ick in de Hand, dacht hei, wi sünd noch lang nich utenanner!

Hasse let sick ok in de negsten Dag nich spreken; äwer hei kek nu nich mihr mit langen Hals äwer anner Lüd ehr Wischen räwer nah sin eigen Wisch, hei führt nu mit Fuhrwark äwer Kniper sin Wisch, un as Kniper dit tau weiten kreg, verklagt he em. Un dat füll grad in de Tid, as sick sin Dochter tau de Hochtid rüsten ded, dei in desen Harwst fiert warden süll.

Hasse wir bi sinen nigen Rechtsanwalt west un hadd em alls vertellt, un de Awkat hadd em seggt, Kniper hädd mit sin Wurd em de Erlaubnis geben. Kniper wunnert sick nich wenig, as hei 'ne Inladung kreg, nah desen Awkaten hentaukamen. Hei hädd dat am En'n nich nödig hadd, äwer för sinen Awkaten hett jederein 'ne innerliche Furcht, un so reist hei hen.

„Ich habe mit Ihnen wegen Hasse zu verhandeln", säd dei. „Er ist bei Ihnen gewesen, nicht wahr?"

„Jawoll!" säd de Bur.

„Er hat Ihnen eine Abfindung geboten für das Überfahrtsrecht, stimmt das?"

„Dat stimmt ok! Blot ick heww em dat Recht nich gewen!"

„Was haben Sie denn zu ihm gesagt?"

„Ick säd blot, dat wi uns einigen künnen, un dat sick dat woll maken let!"

„Gut! Das genügt mir! Danke schön! Guten Morgen!"

„Un wegen so 'n poor Würd möt ick hier herreisen!" säd Kniper falsch.

„Ja! Ich mache alles kurz ab, zu vielem Reden habe ich keine Zeit! Guten Morgen!"

Dor künn Kniper gahn. Un en nig Prozeß kamm ok in'n Gang; den hadd de Afkat in'n Swung bröcht. De Herren von't Gericht angelten sick den Daglöhner Gries, dei 'ne Reis as Tüg maken müßt. Hei treckt sick dortau sin besten Stewel an un smert sei in, dat sei stünken as en frisch geteert Schipp.

„Wie heißen Sie?" frög em de Amtsrichter.

„Korl Gries, mit Ehren Wollnehmen, Herr Gericht!"

„Wie alt sind Sie?"

„Sößunsößtig Johr!"

„Sie sehen doch jünger aus! Wann sind Sie geboren?"

„Achtunviertig in't Revolutschonsjohr!"

„Dann sind Sie ja erst siebenunfünfzig Jahr alt!"

„Is mi ok recht!"

„Sind Sie verehelicht?"

„Ne, Herr Gericht!"

„Haben Sie auch keine Frau gehabt?"

„Ick hew noch ein!"

„Sie sagten doch eben – na, ich sehe schon, dies ist einer von der rechten Sorte! Was für eine Religion haben Sie?"

„Föfteihn Gröschen up'n Dag is min Lohn!"
„Ich meine, welchen Glauben Sie haben?"
„Wenn Sei 't nich glöben willen, känen Sei Bur Kniper fragen!"
„Mensch, ist er nicht klug! Ich meine, in welche Kirche Sie gehen?"
„Früher in Eixen, nu geh ick hier in des' Kirch!"
„Bekennen Sie sich zu Doktor Luther?"
„Ne, den kenn ick nich!" säd Gries ihrfürchtig.

De Richter läd nu alle andern Fragen un säd em, hei süll vertellen, wat Kniper un Hasse mitenanner afmakt hädden.

„Nich vel, Herr! Hasse frög irst nah de Oderbräukschen, de upstunds de besten Pris' för Rindvieh gewen, indem dat Jochen Radsan för sin wittbunt Ollsch 360 Mark kregen hett, nehmen S' blot mal an, Herr Gericht, un Korl Buhsen hewwen sei 300 Mark baden för den rotbunten Holländer; denn dat is jo detjenigt Deil, dat Buhsen sin 'n bäten swack in't Krüz is –"

„Was schwatzen Sie alles zusammen! Sie sollen sagen, was Kniper zu Hasse wegen der Überfahrt über die Wiese gesagt hat!"

„Ih, hei säd wider nicks, dat hei dor nicks nich gegen hädd, denn dat is jo datjenigt Deil, dat Hasse em 'ne Stark dorför gewen wull, un dor künn Kniper sick gaud un girn up inlaten; denn Hasse rungniert uns nicks in de Wisch, hei brukt jo blot tau führen, wenn wi meigt hewwen, un so'n beten Führen schadt em nich, wi führen jo sülwst ok naug räwer!"

Nu würd Gries in Gnaden entlaten, un't wohrt nich lang, dunn gew dat in't Dörp wedder en lütten Lokaltermin mit Sachverständige, Richters, Aktenbündels, Schriwers, un de beiden Parteien wiren ok dor. Hier gew nu de Richter Kniper tau verstahn, hei müßt nu

Hassen dat Recht laten, äwer de Wisch tau führen, un hei kreg dorför alle Johr drei Mark von Hassen.

„Indessen", säd de Richter wider, „ist die Sache hiermit noch nicht endgültig erledigt; es wird noch eine Schlußverhandlung angesetzt!"

Nah rume Tied bröcht de Breiwdräger 'ne Vörladung von't Gericht, un Kniper les', dat an'n 26. August 'ne nig Verhandlung wir. Hei nahm en Stück Krid un schrew an de Stubendör: *26. August vorm. 10 Uhr,* denn hei was en pünktlichen Huswirt, un de Stubendör was sin Kalenner.

An'n 26. August sach de Himmel gries as en Esel ut, un de Wolken schüddten ganze Massen von Regen ut, un in dit rug Weder gung Kniper Klock negen nah sin Wisch, dat hei jo nich tau spät kem, denn hei wull doch seihn, ob hei noch Herr up sin Wisch wir oder ob dor jederein räwerführen kann, dei Lust hadd.

„Ne, mit Nüdlichkeiten let ick mi nich fast kriegen! Dor will ick denn doch irst eins seihn, ob noch Gerechtigkeit in de Welt is, un ob 'n sick noch up dat Evangelium verlaten kann!" Un hei lacht so säut as de Nurdwind in'n schönen Monat November, as hei up'n Mührkenweg up un dal peddt un up de Herren lurt.

Hei kek nah de Klock. „'t is all teihn! Un nicks tau seihn! De Herren von't Gericht laten einen luren, un wenn 'n klüternatt dorbi ward! Nu heww ick dat Recht, wedder aftaugehn; wenn sei nich pünktlich sünd, denn kenn ick nicks dorför, ick bün pünktlich west; äwer dorum handelt sick dat nich bi de Herren, dor heit dat blot, de Lüd afmelken un ehr tau Ader laten un ehr en Schawernack tau spelen!" Un so schüll un murrt un brummt hei 'ne geslagen Stun'n nah sick rin un redt wat von verfluchte Swinegli un Kanalgen un rep de unnerirdschen Potentaten an un kek nah alle vier Win'n ut, un kein Gericht kem.

„Gaud", säd hei. „Ein Stun'n Luren is lang naug. Ick gah! Un wenn sei mi wat willen, verklag ick ehr wegen zu langen Lauerns. Ick kann hier nich bet hüt abend rümmer apen!" Un hei güng. Hei kek sick alle Ogenblicke üm, so as dat Lüd daun, dei gewöhnt sünd, dat sei beobacht't warden, un up sinen Hof säd hei Griesen Bescheid, hei süll sick up de Lur leggen, ob de Gerichtsherren kemen. Äwer sei kemen nich, un dor hadden sei ehren gauden Grund tau.

Sei hadden em tau en Termin *an Gerichtsstelle* inladen, un dei is dat Amtsgericht, un Kniper hadd dacht, dat wir sin Wisch.

As hei sin Middag et, wir hei all verurtelt, irstlich, Fründ Hassen för einen Dalor alle Johr äwer sin Wisch führen tau laten, un doran wir noch 'ne lütt Ordnungsstraf von sößtig Mark backt, wil hei nich tau Termin kamen wir.

Des' frohe Botschaft kamm en por Dag später in't Hus.

O du Je, wo futert de Bur. Nu müßt he einen hewwen, an den hei sin Wut utlaten künn, un de einzig, dei sick dat gefollen let, wir sin Daglöhner. Hei lep rut nah'n Hof un kreg em in'n Kauhstall tau faten. „Segg hei mal, Gries", säd hei un knep de Ogen tausamen, „wotau heww ick em eigentlich! Hei hett mi mit sinen Snack up't Gericht des' ganze Supp inbrockt!"

„Ick heww de unschuldige Wohrheit seggt!" säd Gries benaut.

„So! Na, ick will em blot seggen, dat em sin Bregen glik an sinen Geburtsdag infroren un bet hüt noch nich wedder updäugt is!" Un hei kreg den armen Stakker bi'n Rockkragen un dreigt em an'n Hals tausamen, so dat den Daglöhner de Ogen rutkamen ut'n Kopp un hei mit de Arm spaddelt as en krank Küken un dat ut sin Kehl sick en por Töne wörgten, dei ut 'ne ganz anner Sprak as ut de plattdütsche stammten.

„Hier geht's ja recht munter und pläsierlich her!" säd achter ehr 'ne Stimm, un Kniper let den Daglöhner los, dei klack up de Ird füll un de Besinnung verloren hadd.

„Eine vergnügliche Beschäftigung", säd Dabermann un richt't Griesen wedder in'n Enn. „Du hast den Prozeß nun wohl gewonnen, Andreis!"

„Ne", brummt Kniper, „den heww ick verloren!"

„Ih, du sagtest doch immer, das Recht wär' auf deiner Seite!"

„Dat is dat ok, äwer de Richters wiren up de anner Sid! Un des' Kirl hett de Schuld an alls!"

„Und nun willst du ihn ein bißchen ermorden, nicht?"

„Ach, dummes Tüch", säd de Bur un un kek Griesen an, nah den sin Gesicht eben wedder minschliche Farw rinkem. Nu kam 'ne Ort Erlüchtung äwer em, dat des' Mann doch woll nich de Schuld hadd, dat hei nich gaud naug un nich nipp naug nah den Gerichtsbreif rinkeken hedd, un hei säd tau Dabermann: „Gah nah de Stuw rin, ick kam glik nah!"

„Ne", säd Dabermann, „ne, Andreis, in diesen Verfats laß ich dich nicht allein mit Griesen! Ich geh mit dir!" – Na, denn hülp dat nich, denn müßt hei man in Dabermann sin Gegenwart den Geldbüdel trecken, un hei söcht dor en Daler rut un gew em den Daglöhner. Un nu güngen sei beid af.

Gries kek den Daler an, schüddelt den Kopp un kek achter de beiden her. Dunn kam ok 'ne Ort Erlüchtung äwer em. Hei lep in'n Draww achter de beiden her un redt den Buren an.

„Wat will hei noch?" frög Kniper un stünn still. „Is hei dormit nich taufreden?"

Gries hadd de Hand utreckt, wo de blank Daler inleg, un säd: „Ne, dat is dat nich! Dat is man datjenigt Deil, wenn Sei eins wedder besapen sünd so as nu un nich weiten, an weckern Sei Ehren Dullen utlaten sälen, denn so stah ick furtst wedder tau Ehre Verfügung!"

Un nu güng jeder sinen Weg.

„Denn tu das man, Andreis", säd Dabermann, „dann kannst du noch viel Freud an deine Wisch haben, und wenn dein Geld nicht langt, kannst du ja neues aus Kolonien holen!"

„Du hest klauk reden", säd Kniper, „de Kirl hett mi dat all ansürt mit sinen Snack bi't Gericht! Sünst wir dat all anners kamen!"

„Andreis", säd Dabermann un stünn still un föt den Buren an'n Rocksknop, „wolltst du denn, daß Gries einen wissenschaftlichen Meineid wegen deinen Prozeß sagen sollte?"

„Dat is en dummen Snack, Dabermann", säd Kniper falsch. „Lat dat nu all sin as't is! Ick weit blot ein Deil! Un dat is dat: ick betahl keinen Penning!"

„Das mußt du wissen", säd de oll Lihrer. „Das Leben ist lang, und da passiert das Menschenmögliche, und die Gedanken sind kurz, und ihr Faden reißt leicht ab!"

Andres Kniper ded dat Gericht nich den Gefallen, de sößtig Mark för de Versäumnis un de Kosten tau betahlen, ne, dat ded hei nich. Un wil hei so hartnackt wir, so schickt dat Gericht em den Gerichtsvollzieher, dei sick wegen de Sekerheit en dägten Handstock un 'ne Tasch voll Gerichtsstempels mitbröcht, dei hei beid vör Knipern up'n Disch läd. Gegen so'n Grün'n lett sick nich anhujanen, lang Tid hadd de Vollzieher nich, un hei wull eben anfängen, sin Stempels an den Stauhl tau backen, wo Kniper up set, dunn güng de Bur nah't Schapp ran un holt den Mammon rut.

„So", säd de Vollzieher, „dies tut stimmen, nun kommen bloß noch fünf Mark Gebühren zu!"

„För weckern?" frög Andreis.

„Für mich!" säd de Gerichtsvollzieher un halt wedder de Stempels tau'n Vörschin.

„So! Dat is wat anners! Dat kann ick nich! – Hier! Nu wesen S' so gaud un maken S' fix de Dör tau, äwer von buten!"

Na, dat geschach denn ok, Kniper güng achter em her un rep Griesen tau: „Anspannen! De beiden Brunen vör'n Stauhlwagen!"

Gries spannt an, un nah 'ne halw Stun'n fährt Kniper tau Stadt nah den Awkaten, dei em all eins tau sick inladen un dei Hasse sinen Prozeß führt hadd.

„Dit is en netten Tee", füng hei an un säd noch en ganz Deil mihr, bet de Awkat em frög, wat hei eigentlich wull. „Min Recht will ick", säd Kniper. „Hasse sall nich äwer min Grundstücken führen!"

„Dagegen läßt sich nun nichts mehr tun! Wenn Sie klagen wollen, so müssen Sie den Makler verklagen, der an Hasse ein Grundstück verkauft hat, zu dem kein Weg geht!"

„Wo is dei?"

„Ich weiß nicht! Oder Sie können auch das Gericht verklagen, weil es ein Grundstück aufgelassen hat, an das nicht heranzukommen ist. Das ist nach meiner Meinung nicht zulässig, und es ist möglich, daß Sie dann Ihr Geld wiederbekommen. Wäre dieser Fehler nicht gemacht, so hätte es keine Streitigkeiten und Prozesse gegeben, da aber indessen der Fehler gemacht ist – guten Morgen!"

As Kniper wedder buten wir, säd hei tau sick: „Wenn Dabermann nu hier wir un dit hürt hädd, dann säd hei wider nicks as Merweljöh!"

Un so stellt hei unnerwegs nah Hus noch mihr erbauliche Betrachtungen an un slög sick vör'n Kopp, so as de Murers dat gemeinhin denn daun, wenn de Mur scheiw geraden un nich wedder in't Lot tau bringen is. Noch wider prozessen, dat mi dat so geiht as Hassen? Ne, ick ward kein Narr sin! Ick heww naug an des' Prauw! Einen Prozeß kann'n in't Gesicht lüchten, von wecker Sid man will, man mag em gewinnen oder verlieren, dor bliwt ümmer Unangenehmes an hacken!

De leiw Leser hett uns den Gefallen dan, des' Betrachtung mit antauhüren, wil hei sei doch nich sülwst maken kann, un ick dau em den Gefallen, mit des' Geschicht en En'n tau maken, worup hei woll ebenso sehnsüchtig lurt hett as Johann Eikstedt un Anna Kniper up ehren Hochtidsdag.

En scharp Verhür

En Pird wir stahlen, de Verdacht füll up en verlumpten Kierl ut de Stadt un würd so dicht, dat hei sick in 'ne Gerichtsverhandlung tau verantwurden hadd. De Kirl hadd en Rechtsanwalt funnen, dei sin Verteidigung äwernehm. Ein von de Tügen wir de Landmann Jochen Drom, un wat hei utsäd, müßt den Spitzbauwen rin in'n Kahn bringen. Den Verteidiger wir natürlich doran gelegen, desen Tügen kolttaustellen un em mit Hen- un Herfragen tau verwirren, so dat hei sick sülwst wedderspreken sull. Dat Verhür spält sick nu so af:

Anwalt: „Sie behaupten also, daß Sie den Angeklagten gesehen haben, wie er an dem fraglichen Tage ein Pferd an Ihrem Gehöft vorbeitrieb!"

Jochen: „Ja, dat kann ick beswören!"

Anwalt: „Wieviel Uhr war es?"

Jochen: „Ick heww all einmal seggt, dat dat üm halwig Vörmiddag west is."

Anwalt. „Diese Zeitangabe ist viel zu unbestimmt, damit können wir nichts anfangen. Sie müssen genau die Zeit angeben."

Jochen: „Ick heww doch kein gollen Klock bi mi, wenn ick up't Feld Tüffeln buddeln dau."

Anwalt: „Aber Sie haben doch eine Uhr im Hause?"

Jochen: „Dat heww ick."

Anwalt: „Schön! Wie spät war es nach dieser Uhr?"

Jochen: „Des Klock wist grad 19 Minuten nah teihn!"

Anwalt: „Sie waren während des ganzen Morgens auf dem Felde?"

Jochen: „Ja, ick heww dat all mal seggt."

Anwalt: „Wie weit ist das Feld von Ihrem Haus entfernt?"

Jochen: „Woll ne lütt Viertelstun'n!"

Anwalt: „Sie schwören, daß die Uhr in ihrem Hause genau 19 Minuten nach zehn Uhr war, nicht wahr?"

Jochen: „Dat swör ick!"

De Anwalt hüll up mit sin Fragen, hei hadd den Tügen schön inwickelt mit sin Antwurden, dei sick wedderspreken deden. Nu süll em dat woll gelingen, den Spitzbauwen fritausnacken. Hei kek as en Sieger nah den Gerichtshof, swenkt den Arm un säd: „Ich denke, das genügt." Jochen stünn noch wat ungewiß vör sinen Disch. Nu langt hei nah sinen Haut un dreigt sick üm tau'n Weggahn. Aewer dat sach ut, as wenn hei sick besinnen ded, hei wendt sick noch mal wedder üm un säd nahlässig: „Viellicht süll ick noch vertellen, dat einer sick up de Klock nich ganz verlaten kann. Sei steiht all äwer en half Johr, un sit de Tid wist sei ümmer up negenteihn Minuten nah teihn."

En Wahlagent

An'n Morgen von'n Wahldag kem Fritz Knirsch nah'n Rechtsanwalt, de sick för de Wahl gruglig in't Geschirr leggen ded, üm de Wahlzettel awtauhalen, so as dat mit em awmakt wir.

„Also", säd de Rechtsanwalt, „damit Sie genau Bescheid wissen, will ich Ihnen noch einmal Anweisung geben! Sie stellen sich am Eingang des Wahllokals auf und geben jedem, der zur Wahl kommt, einen Zettel. Das ist doch nicht schwer, wie?"

„Ne, gornich!" säd Fritz.

De Anwalt hännigt em nu en groten Packen Stimmzettel in, un Fritz güng up sinen Posten, wo all en Hümpel Lüd von all Parteien stün'n, de ok verteilen süllen. Nah drei Stun'n ungefihr kem de Rechtsanwalt, üm sick tau äwertügen, woans dat Wahlgeschäft güng. Hei fünn Fritz, dei vergnäugt dor stünn, äwer kein Zettel hadd.

„Was?" säd de Rechtsanwalt. „Gab es eine so rege Wahlbeteiligung, daß Sie schon alle Zettel verteilt haben?"

„Ne", gew Fritz Knirsch tau Antwurd un lacht äwer't ganze Gesicht. „Dat wir gornich nödig! Furtst hüt morgen, as dat losgüng, wir en Kirl hier, dei hett mi den ganzen Packen för'n Daler afköft!"

Erkennung

„In min Wanderjohren hadd ick Arbeit in Tegel funnen", vertellt de oll Meister Adam Jachmann, de den *Ulenkraug* tau Zizelübben regieren ded, „äwer don güng noch kein Pirdbahn un irst recht kein elektrisch Bahn nah Berlin. Dor kreg ick eis gauden Dags en Breif von min Brauder un min Swester, dat uns' ol gizig Unkel sick dat entseggt un uns en Tweiundörtigstel Schippspart von ein lebensmatten Schoner vermakt hadd, dei still un taufreden sin Rauh genöt. Hei hadd inseihn, dat gegen de nimodschen Dampers nich antauhojanen wir. De Part hadd also gor keinen Wirt, un sei, wat min Swester un min Brauder wiren, hadden afmakt, dat wi den Schippsandeil wider verschenken wullen, mihr ut Jux as ut süs en Grund. Ick süll min Inwilligung gewen un sei von en Notarius beglaubigen laten.

Mi würd de Notarius Filzle empfahlen, bi den sick son Geschichten glatt afwickeln leten. Ick also hen un vertellt einen von de annern Bürominschen min Angelegenheit.

,Haben Sie jemand mitgebracht, der Sie kennt?' frög hei.

Ick antwurdt em, dat ick glöwt hadd, dat hei oder ein von de annern Bürominschen mi woll kennen würden.

,Nein', säd hei un kek sich in de Reih üm, ick hadd all längst seihn, dat dat luter frömde Gesichter wiren.

,Denn nich', säd ick, ,ick will en Hus wider gahn. Adschüs.'

,Warten Sie', rep hei mi nah, ,gehen Sie doch auf die Straße und rufen Sie einen Dienstmann, die Dienstmänner kenne ich alle.'

,Ick äwer nich', säd ick.

‚Rufen Sie nur einen heran und reden Sie mit ihm', röd hei mi.

Ick güng rut un kek mi vör de Husdör üm. An de Strateneck stünn en Dienstmann, dei ein Prellstein Gesellschaft ded.

‚Sagen Sie, verehrter Herr', red ick em an, ‚kennen Sie mich vielleicht?'

‚Wat soll ich Ihnen?' frög hei kühl, ‚kennen soll ick Ihnen? Ne, det ick nicht wüßte! Det is och nicht neetig!'

‚Denn nehmen Sie meine Frage nicht übel', säd ick. ‚Ich suche jemand als Zeugen, der mich kennt. Ich werde Ihr Gewissen nicht damit beschweren, daß Sie vor dem Notar Filzle wegen Beglaubigung einer Unterschrift bezeugen, mich zu kennen! Das wäre unrecht von mir! Es tut mir leid, daß Sie mich nicht kennen!'

‚Wat', rep hei nu, ‚ich soll Ihnen nicht kennen? Natürlich kenn ick Ihnen! Sie sind doch der – Herrjes, wie heißen Sie doch noch?'

‚Jachmann.'

‚Richtig! Jachmann aus der Behrenstraße, wo Sie in det kleene Trangeschäft sind!'

‚Ich sehe, daß Sie mich noch nicht recht kennen, und ich müßte in der Tat keine Moral haben –'

‚Ja doch', füll hei mi in de Parad, ‚Moral, die kenn ich och! Moral ist die Angst davor, daß es rauskommt. Wie heißen Sie doch noch?'

‚Adam Jachmann!'

‚Richtig, ick kann immer so schlecht Namen behalten, sehn Se, man kommt mit so ville Leute zusammen! Und wohnen tun Se –?' – ‚In Tegel!' – ‚Tegel!' murrt hei so geheimnisvoll, as wenn dat die Gegend wir, wo de Minschenfreters wahnen. ‚Tegel, jawoll, det kenn ick. Det is ja der Ort, wo die Mächens mit die engen Röcke wohnen, un da hab ick früher och schon öfters geangelt. Jawoll! Tegel kenn ick, also Abraham Hagemann aus Tegel.'

‚Nein, Adam Jachmann!'

‚Ja, natürlich! Sehn Sie mal an; zwee Mark is det Vergnügen, dat ich Ihnen kenne, schonst wert! Denn wollen wir jleich ringehen un den Büromenschen zeigen, wie gelehrte Hunde uff de Hinterbeine tanzen.'

Wi güngen beid in't Büro, un nu lop de Sak glatt von'n Faden. En Schriwer schrew alls farig, un ick kek tau. De Großsiegelbewohrer loddt uns in't Allerheiligste, wo de Notorjus sülwst regiert.

‚Wer sind Sie?' frög hei nahlässig.

‚Adam Jachmann aus Tegel!' säd ick.

‚Und Sie kennen den Herrn?' frög hei den Deinstmann.

‚Jawoll, det is Herr Adam Jachmann aus Tegel, wo die Mächens mit die engen Röcke wohnen und wo meine weitläufige Tante wohnt, un in Herr Jachmann seinen Hausflur habe ick immer meine Angelrute hingestellt, wenn ick angelte!'

‚Sie heißen?'

‚August Pulicke aus die Lilienstraße, Nummer 65, fünf Treppen links!'

‚Nun müssen Sie', säd de Rechtsanwalt wider tau minen Fründ Deinstmann, ‚aber auch jemand nachweisen, der Sie kennt! Ich kenne Sie ja beide nicht!' –
‚Der Herr Bürovorsteher kennt mir!' säd de Deinstmann mit de natürliche Fründlichkeit, dei in sin Wesen leg, ‚mit dem hab ick oft in Tegel jeangelt, und wir beid haben och schon bei meiner weitläufigen Tante Kaffee getrunken. Wir sind zwee alte jute Freunde!'

De Bürovorsteher nickköppt den Rechtsanwalt tau, hei wir grad so erkennt worden as ick. De Notorjus sett't sinen . Namen unner dat Schriftstück, un ick betahlt teihn Mark dorför.

In't Büro flüstert ick den mit dat Pitschaft un den Siegellack tau, hei mücht mi en Breifkuvert äwerlaten; denn ick wull minen ganzen Sigellack endlich los sin un tau Post gewen. Dat ded hei, un ut Dankborkeit löd ick em in, nahsten, wenn sin Bürotied üm wir, in den *Grisen Hund* up de Nahwerschaft tau kamen. Hei nehm sin'n Klenner tau Hand un säd: ‚Das läßt sich machen, heute ist gerade der Tag, an dem Samuel Hahnemann in Meißen geboren wurde! Wir könnten so eine Geburtstagsfeier veranstalten!'

Ick frög em, wer Zamel Hahnemann wir.

‚Weiß nicht, es steht nicht dabei', säd hei. ‚Aber ich gehe nicht gern ohne besonderen Grund zu einer Festlichkeit!'

Hei bröcht min Schriftstück nah'n Postkasten, un ick güng in'n Grisen Hund, wo ick mi von min Erkennungsstrapazen verhalen ded. Späder kem ok de Bürominsch un ded mi Gesellschaft. Limonad hewwen wi nich drunken, ick let flitig inschenken un hei ok, as wenn einer för'n annern Angst hädd, dat hei mäglicherwis' nüchtern warden künn. Un dat hadd Zamel Hahnemann ut Meißen nich üm uns verdeint. Tauletzt führt ick mit Extrapost nah Hus. Alls in allen rekent, kost't mi de Arwschaft fifuntwintig Mark. Ick kem also noch gnädig davon af; äwer dat is Nebensak; ick wüll blot vertellen, dat't bi Erkennung ok anners hergahn kann, as in't Lied von'n Wanderbursch mit dem Stab in der Hand, den de olle Fründ Tollbeamter un de eigen Brut nich kennig würden, bet irst de oll Mudder kem. Einer kann sick ok för Geld erkennen laten."

All so as so!

„Dat geiht tau En'n mit mi", säd de oll Ihlenfeld, as sin Fründ an sin Bedd set un em mit gaude Würd uprichten wull.

„Ih ne, Korl", meint de Fründ, „dat giwwt sick noch wedder!"

„Ne, ne, ick fäul dat, lat man dat Reden dorvon!"

„Na wenn ok", säd de anner. „Wi weiten jo, dat dat en beter Lewen giwwt, wo wi von alle Mäuhsal un Arbeit utrauhen känen."

„Dat is ok man all so, so!" säd de Kranke. „Ick weit all, wenn ick in'n Himmel kam, denn ward Petrus tau mi seggen: ‚Du büst swer Arbeit gewöhnt, Korl, Du kannst de Gewitter maken!'"

De Mur

Petrus stellt sick bi unsern Herrgott an'n Thron hen un hölt Vördrag äwer alles, wat in'n Heben passiert is. „Un denn", seggt hei toletzt, „möten wie woll en Og henslahn nah de grot Mur, de twischen uns un de Höll upricht't is. Dei is an ein Stell hellschen bröcklig un't süht bald ut, as wenn sei dor instörten kunn. Un wat würd denn för'n Pack dor rutwitschen un sick bi uns rinsliken. Gahn deit nich länger so, und wi möten wat dagegen daun." – „Ja, mit de Mur het'n sinen hellen Arger", meint de Herr. „Hest Du all mit'n Düwel redt, dat hei ehr utflicken lett?"

„Dat heww ick! Awer dat utverschamt Esel meint, wenn wi de Mur heil hewwen willen, dann sälen wi ehr up uns Kosten heil maken laten."

„Rechtmakt möt sei warden", seggt de Herr.

„Dat is recht gaud seggt", antwurt Petrus. „Awer de Düwel strämmt sick un will de Kosten nich äwernehmen, wenn wi dat ok schriftlich von em hewwen, dat hei dortau verpflicht is. Nu stell einer wat mit so'nen Unhold up. Ick will mi nich mehr mit em rümstriden, denn ick ward olt un leiw min Rauh. Uns bliwt wider nicks äwrig, as dat wi ein Prozeß gegen em anstrengen."

„Mi kamen so'n Klagerien ut'n Hals rut", seggt de Herr. „Awer't bliwt uns woll wider nicks äwrig. Denn mak di man up de Söcken un säuk en Rechtsanwalt unner uns Seelen, de kann den ganzen Stried mit em utfechten!"

Petrus ströpt also den Himmel af un söcht un söcht. Endlich kümmt hei wedder vör'n Thron un bericht: „Ick heww man einen Rechtsanwalt funnen, äwer dat is en Dussel, dei hät all sin Prozesse up de Ird verloren. Alle annern sünd up de anner Sid von de Mur."

Unkel Franz un Schultsch

Min Unkel Franz hadd en Vers in't Blatt setten laten, dat hei 'ne Wahnung tau vermeiden hädd; äwer flusig, as de Oll öfters wier, hadd hei nicks dorvon seggt, ob de Wahnung in't Vör- oder Achterhus wir; ok nicks von'n Pris. Un nu kreg hei unvermaudens Besäuk von de dick Schultsch, dei sick de Wahnung beseihn un meiden wull. Hei aderkaugt grad up'n Lehnstauhl un rokt 'ne Pip Toback dortau, dat de Stuw blag wir.

Schultsch ehr Utseihn was weik un swammig, ehr Gemäutsort käuhl un suddlig, as wenn sei ut Tüffelkrud un dick Melk tausambackt wir. In'n ganzen sach sei mit ehr duwwelt Kinn un ehr groten Ogen würdig ut as en ollen Senater, blot nich ganz so klauk. Up ehren Kopp set en Gewächs, woför de Naturgeschicht noch keinen Namen erfunnen hatt, 'ne Ort Poggenstauhl von't größte Format, wo sick en Kohlkopp unner versteken künn. Wat süs noch tau Schultschen hürt, stök in en Inband, de all stark afnutzt utseg, so as dat Bauk ut de Leihbibliothek up de Gnedig ehren Nachtdisch. Jeder dreggt de Farw von sin Beschäftigung, de Bäcker en witten, de Paster en swarten, de Soldat en grisen Rock, un Schultsch drög 'ne rod' Näs'.

Natürlich seg min Unkel furtsen in, dat sin Wahnung nicks för ehr wir; äperst hei redt gaud un sanft mit ehr. „Vierhunnert Mark känen Sei woll nich anleggen för 'ne Wahnung?" frög hei ehr.

„Du leiwe Tid, wo künn ick dat woll!" gew sei tau Antwurt un wischt sick äwer't Gesicht. „Bi so vel Gören un de düre Tid! Ick dacht, dor wir 'ne Wahnung in't Achterhus fri; äwerst denn heww ick mi irrt, ick irr mi männigmal – letzten noch, as Kopmann Lenz mi en nig Twintigpenningstück rutgewen hadd, wat ick tauirst för'n Twintigmarkstück anseg, un wo ick mi all vörweg freugen ded äwer so vel Geld. Ick hädd mi dor schön mit helpen künnt un up 'ne Woch wat tau lewen hatt!"

„Ja, ja! Hüt möt 'n seihn, wo 'n sick dörchschürt!" säd min Unkel. „Wovel Kinner hewwen Sei?"

„Fiw!" antwurd't sei un kreg dat Hausten, wil de Tobacksqualm ehr in'n Hals kettelt. „Ach Gott, wer hädd dat dacht, dat sone Tiden kamen künnen!"

„Wovon ernähren Sie sich?"

„Je, dat seggen S' man mal! Ick krieg jo dat Happen Geld för minen Mann. Un von de Stadt krieg ick ok dat Happen, un denn noch en Happen von de Kirch; äwer dat düs't all nich!! Ick heww all so vel schullen äwer des' Tiden; denn af un an möt de Gallenblas mal ümkihrt warden, noch tau, wenn 'n so mit anseihn möt, wo anner Frugenslüd alls riklig hewwen. Sei kennen jo dat Wiwervolk, wat up de Strat nah'n Sepenladen rückt!"

„Wat hewwen Sei hüt tau Middag eten?" frög Unkel.

„Pölltüffel un Hiring! Ick heww den leiwen Gott so väl bäden, dat hei mi de Tüffel in'n Gorden nich verfrieren let, un hei hett dat ok nich dan!"

„Hewwen Sei denn noch Speck tau 'ne Stipp?"

„Wo denken Sei hen! Ick nehm Mehl un Ziguren! Wo Speck utsüht, weit ick lang nich mihr!"

Minen Unkel krempelt sick dat Hart üm, as hei dit hürt un an de lütten Kinner dacht. „Köpen S' sick doch mal en poor Pund Speck!" röd' hei ehr.

„'t is harte Tied för en Hus mit vel Kinner!" Sei fohrt mit de Schört an de botterweiken Ogen un snuckt: „Ganz so, as ick fäuhl! Ick heww min Gefäuhle nich in de Gewalt! Ick bün man en swack Ruhr, wat nich in Betracht kümmt. Ick heww son weik Hart as Weitendeik un kann mi kein Hart as en Plummenstein gewen! Speck is in de Spiskamern von de riken Lüd', von de Vörnehmen!"

Ganz unrecht' hett sei nich, dacht min Unkel; hei hadd nämlich en hartlich Stück liggen. Unkel wir weik un mör worden, sin Hart lep äwer von Minschenleiw, un hei frög: „Känen Sei en poor Pund betahlen?"

„Dat kann ick!" antwurt't sei.

Hei güng stillswigens ut de Dör nah de Käk, sned en hartlichen Schacht Speck af un bröcht dat nah de Stuw rin. „Hier", säd hei, „dit is noch äwer twei Pund. Sei sälen mi för't Pund ein' Mark föftich gäwen, mi hett't sülwst mihr kost't. Dat makt also drei Mark."

Schultsch ehr Ogen füngen an tau blänkern, un sei säd plummenweik: „Velen schönen Dank, Herr Pelikan! Dat Geld bring ick morgen! Sie sind ein ädler Mänsch!" Sei wischt sick de letzte Tran von de Näs', un't hädd nich vel fehlt, denn hädd sei em ümarmt un an ehren weiken Bussen drückt. Unkel kreg't mit de Angst, dat sei em en Kuß in't Gesicht backen künn, hei hadd naug an de kolle, fuchtige Hand, dei sei em gewen hadd, wobi hei an 'ne Pogg hadd denken müßt. Hei retüriert achtern Disch, un Schultsch haust't ut de Stuw rut, indem dat sei em noch tau gauder Letzt 'ne Empfehlung an de ganze leiwe Familie an'n Hals smet un nah alle Siden grüßt, wobi sei ok de Schappen un de Wanduhr en Diener taumakt.

Sei kem äwerst den annern Dag nich un de anner Woch ok nich. Morgen is in de Lüd' Mund de unbestimmt Taukunft, wenn't sick üm Betahlen handelt. Äwer nah drei Wochen kem de oll Senater richtig an.

As sei minen Unkel inbrünstig de Hand schüttelt, frög hei: „Na, hewwen Sie Geld bröcht?"

Dor hürt sei äwer nich nah hen, sei füng furst von'n Speck an: „Säut as en Nätskarn wir hei, un wo hewwen de Kinner sick freugt, de hewwen sick dor orig in liwen un satt eten künnt, un't wir recht tau seihn, wo't bi ehr anslahn ded. Ick heww ehr seggt, dat dit von den ollen Herrn Pelikan wir, un wat de oll Herr Pelikan för en leiwes un fründliches Wesen hett, dat einen dat Hart dorvon upwarmt. Un nu hewwen sei mi seggt, wenn ick wedder hengüng nah den ollen Herrn Pelikan, säden sei, denn äwerlet he mi woll noch en Stück von en Punder vier! Tau unverschämt möt 'n nich sin, süs künn ick noch mihr bruken; äwer ick segg ümmer: bescheiden bliwen un weiten, wat sick schickt. Dor wull ick Sei denn bidden, Sie ädler Mänsch, dat Sei man en Inseihn hewwen un noch eis taugripen. Ick weit, dat Sei dat daun, denn ick heww den leiwen Gott beden, mi noch en Kanten Speck afsniden un mi nich in'n Stich laten. Dat Geld bring' ick morgen, un denn bring ick furtst dat Geld för de irsten twei Pund mit. Unsereinen ward de Seel stärkt, wenn 'e süht, dat de groten Herren glik bispringen, wenn't bi unsereinen nich stimmen will. Von wegen dat Geld, dat heww ick rein vergeten. Dor hett 'n so vel mit de Kinner tau daun un tau regieren, dat'n an all't anner nich denkt. Un hüt geh ick hier grad vörbi, un don dacht ick: Willst doch eis bi den ollen gauden Herrn Pelikan inkiken, dacht ick so bi mi, un mi minen Speck halen!"

De Ollsch let bi des' Würd ehren Kopp ergeben un fromm up ein Sid hängen un pliert von de Sid bald nah de anner Gardinenstang'. Min Unkel wir en hellschen bedenklich worden. Sin Fru hadd em all vörig Mal vertellt, dat son Gaudmäudigkeit gegen den irsten besten wider nicks wir as Dämlichkeit, un dat 'n sick erkunnigen müßt, mit weckern man eigentlich tau daun hädd. Un't kem dortau, dat dat Stück in de Spis'kamer all düchtig afnahmen hadd, wil 'ne Specksid von't vele Afsniden noch nie gröter worden is. Äwerst wat hülpen all des' Bedenken gegen son würdig un käuhl Fru, dei ehr Gefäuhle nich in de Gewalt hatt', dei ehr fif Kinner nah Pelikanschen Speck schrigten. Hei güng also ahn Gegenwürd in de Käk, bekek sick den Rest un klöwt em in twei glike Stücken. Un ein dorvon bröcht hei rin. Schultsch hadd lickmündt, as hei rutgüng, äwer nu würden ehr Ogen grot un ehr Gesicht lang. „Na nu", säd sei, „dat sünd doch nich vier Pund? Ick heww utdrücklich seggt, dat ick vier Pund hewwen will!"

„Dit is ein Pund!" säd min Unkel Franz ruhig. „Nu sünd dat vier Mark föftig, dei Sei morgen bringen!"

De oll Senater let de Uhren hängen, un ehr Benehmen würd stiwer. Sei pust en sweren Süfzer rut, dei ok so dick wir as sei sülwst, un alle Säutigkeit un Fründlichkeit wiren verswunnen as de Smetterling bi'n irsten Frost. Äwer sei bedankt sick liker mihrere dusenmal, *bester ädler Mänsch,* un fegt ut de Stuw.

Natürlich kem sei nich morgen un ok nich äwermorgen; sei äwerstört't nicks, un irst nah 'ne Woch schürt sei sick wedder rin in dat gelobte Speckparadies, üm sick wedder de Seel tau stärken.

„Bringen Sei Geld?" frög min Unkel un kek dal nah sin Stewelsnuten. De Hänn hadd hei deip in de Hosentaschen vergraben, so dat sei em unmäglich de Hand schütteln künn. De Hand wull hei nich, hei wull Geld. „Ne, Herr Pelikan, dat makt sick hüt noch nich so. Min leiwen Kinner seggen, ick süll denn man wedder –"
„Is gaud!" säd min Unkel Franz kort; sin heit Minschenleiw wir tau en Isklumpen froren. „Laten S' man! Ick weit all, wat de leiwen Kinner von den gauden ollen Herrn Pelikan seggt hewwen, un ick weit, dat Sei wedder Speck halen willen. Un den kriegen Sei nich, ick heww sülwst nicks mihr! Ick will Sei recht wat seggen: Ick glöw, dat Sei mi nich betahlen willen, un glöw nich, dat Sei in Not sünd! Gahn S' nah anner Lüd', ick heww Sei gaud naug holpen, dat kann ick mit gauden Gewissen seggen!"

Don kem bi de Olsch Füer unner't Dack, un sei wikkelt ehr Würd nich irst lang in Watten, dei kemen rut, as wenn Schultsch in de hog Schaul up'n Fischmarkt utbildt wir. „Wo kamen Sei tau en gaud Gewissen?" quiekt sei mit en dünnen, hogen Kapunenton. „En Minsch, dei en annern nich helpt, hett kein gaud Gewissen! Ick kenn Sei recht gaud! Dat liggt blot an Ehren gauden Willen! Sei willen mi nicks mihr äwerlaten, wat Sei ehr Plicht un Schülligkeit is. Mi hewwen

all anner Lüd seggt, wat Sei för'n Geistes Kind sünd!"
Ehr Stimm güng in Krischen äwer, un min Unkel stünn
dor so verbast un kunsterniert as einer, dei ut'n irsten
Slap upweckt is. Un nu let sei ehr Gallenblas utlopen
un makt minen Unkel en Packen mierig: „Bi Sei kam
ick nich wedder, Sei sünd mi äwerhaupt vel tau wenig!
Ick ward' Sei äwer en Faden gewen, wo Sei den Knup-
pen nich utenannerpölkt kregen! All Lüd will ick vör
di warnen, du Snurrer! Ick zeig di an, du Gizhamel, du
Galgenvagel. Dat Gericht sall en natt Gericht för di tau-
samkaken! Dat Gericht sall di mit'n eiken Krückstock
äwerstraken! So'n Gemeinheit is mi noch nich vörka-
men, so lang' as ick up twei Beinen gah. Ick glöw nich,
dat din Speck all worden is, un wenn du nich glöwst,
dat ick in Not bün, du Spitzbauw, denn glöw wat
anners, ick glöw't allein nich! Du büst 'ne Schann för
de Minschheit, du schlächter Mänsch! Du sühst mi för
dumm an –"

Min Unkel schöw den Senater sacht ut de Dör un
slöt sei tau. De Ollsch rementert un rumort buten
noch wider, as wenn en Gewitter de Trepp dal bullert.
Sei hadd minen Unkel so vel Schimp un Schann an'n
Kopp smeten, dat hei all nah de Pump gahn wull, üm
sick wedder aftauwaschen, un hei hadd binah den Ge-
schmack doran verloren, anner Lüd tau helpen.

Schultsch hett minen Unkel richtig verklagt, dat hei
ehr anfat't un rutsmeten hadd, un sei wunnert sick
nich wenig, dat de Burmeister ehr ok rutsmet.

As Unkel Franz sin Erlebnis mit Schultsch in'n
Klub vertellt, säd hei tauletzt, em süllt nich wunnern,
wenn sei in de Mainacht up'n Bessenstel wegriden ded.

De Kunst geiht nah Brot

Fru Schmidt makt jeden Middwoch de Börgers 'ne Freud mit ehren Dudelkasten, un 'ne junge gaude Fru leggt ehr en Gröschen up den Kasten un seggt: „Sie haben's nicht leicht, liebe Frau, aber es ist heute schwer, sich durchzuschlagen!"

„So ist't! Wenn ick dat beten Musik nich verstünn, müßt ick min Brot snurren gahn!"

De vigeletten Strümp

Dat wir in'n August 1924. De schöne, stille Abend kek so leiw in't apen Finster; ick hadd Licht anstickt un wad't bet äwer de Knei in en Roman, don klaubauzt dat min Trepp rup as en Späuk ut't Märchenbauk, un ihre Anna, wat min Deinstmäten is, wat anmellen künn, störmt min Fründ Hanne Pampel nah de Stuw rin, smitt sin Aktenmapp up'n Stauhl un röpt: „Minsch, du sittst hier as in'n Däs', un alls is up de Beinen un bekikt den Mars! An'n Himmel is de Deuwel los, un ick segg gor nicks, wenn de Welt unnergeiht; rip naug is se dortau. De Mars kümmt up uns Ird losgerast mit 'ne Fixigkeit, gegen dei uns' Lüttbahn gor nicks is. So 'nen Weg as von Gripswold nah Stralsund sust hei, ihre du ein, twei, drei tellt hest, un dit Spillwark möten wi anseihn. Dor maken wi Bekanntschaft mit Kanäle, Pole, Gebirge, Gletscher un womöglich mit de Marsminschen, mit dei wi uns ein Stremel vertellen känen."

„Gott bewohre", segg ick. „Wat is dit all wedder! Ein Nigligkeit begrawt de anner. Hoffentlich fallen wi nich nah so'nen Kanal rin! Ihrgistern sünd twei kopphäster ut't Auto rutschaten, gistern hett min Kamel von

Deinstmäten de Arwten anbrennen laten, un hüt Abend Marsbesäuk. Wenn dat man nich wedder en utwussen Swinnel is as don mit de Mandfinsternis, wo de ganze Vörstellung achter Wolken afmakt würd. Un denn möt ick seggen: ick verstah nicks von Stirnkikeri, dorvon sünd för mi in de Schaul kein Kräumels affollen, un grad as de groten Eierkauken an'n Himmel, ick mein den Mand, kenn ick nich, un de Mann in'n Mand heww ick öfters tauprost't. Un äwrigens", segg ick, „möt ick morgen tidig in de Beinen sin, ick heww Frühdeinst, as du weißt –"

„Den heww ick ok", giwwt hei tau Antwurt. „Nu kumm man! Angtreh kost't dat jo nich! Willen uns mal mit den ollen Burssen anvettern; hei 's man knapp 60 Millionen Kilometer von uns af, un wat is dat?"

Wi wiren bald buten; an'n Himmel stünn en Swark. Wi keken dor baben rundüm un segen ok hier un dor en Stirn blinken, dei't nah unsere Meinung woll sin künn, äwer wi wiren doch sihr in'n Ungewissen. Up'n Markt frög Hanne en Mann, dei uns entgegen kem: „Können Sie mich nich sagen, wo der Mars ist?"

„Ne, Manning", antwurdt de anner, „ick bin hier ok frömd, äwerst wenn Sei mi seggen künnen, wo en gaud Wirtshus is, denn deden Sei mi en groten Gefallen!"

Wi wisten den Mann Bescheid; denn in so'n Saken hewwen wi Erfohrung. Un nu kem en Fräulein angesegelt. Hanne frög ehr: „Mein Fräulein, können Sie mich wohl den Mars zeigen?"

Ditmal wir hei an de Unrechte geraden. Sei nehm de Frag krumm, am End hadd sei 's nich richtig verstahn, un säd höhnisch: „Belästigen Sie mir nich mit derartig gemeine Anreden, oder ich rufe die Polizei!" Hei is süs tag in't Fragen, äwer nu mücht hei nich mihr. Wi reckten noch 'ne Tid lang den Hals ut un reten de Ogen apen un horkten, ob de Lüd up'n Mars am En'n Musik maken deden; äwer dor rührt sick nicks. Süs warden jo öfters en poor Stirns, dei nich mihr tau bruken sünd, ut'n Himmel rutsmeten; äwer ok dat nich mal.

„Ne, Hanne", segg ick, „dit's all nicks Genaues mit dinen Mars! Weißt du, wi gahn in de *Scharp Schir,* dor mägen Stirnkunnige sin."

Wi also hen. Dor wir würklich einer, dei snurrt en Stremel runner von Quadranten un Ekliptik, dat ick Hanne anstödd, dei so verbast dorset, und säd lis': „Du – dei spickt sinen Mars mit so vel gelihrt Speckrüters, dat't mi hoch kümmt! Wi gahn leiwer annerwegt hen, wo äwer'n Magistrat schimpt oder süs wat Nützliches an'n Dag gewen ward!"

Uns is de Marsnacht nich billig worden. As wi nah Hus güngen, wir en Stirn am Himmel, dei uns so anseg, as wenn hei woll de Mars sin künn. Hanne versöcht em uttaupusten; ick makt den Versäuk nich, denn ick seg twei Marse.

As ick mi nahsten wedder na min Stuw rinfäuhlt hadd, seg ick up'n Stauhl de Mapp liggen, dei Hanne dor vergeten hadd. Ick nehm ehr mit na de Slapstuw, füll mit sworen Kopp nah't Bedd rin un stünn nah wenig Stunnen Slap wedder up. Min Fru hadd nicks seggt, as ick tau Bedd gahn wir; sei säd ok morgens nicks, un dat was en slicht Teiken. Dat Gewitterschur würd nahkamen, dat wüßt ick.

Wenn ick Frühdeinst heww, denn liggt min Frühstück farig in de Käk, dorför sorgen min Fru un min Deinstmäten. Bi't Antrecken seg ick einen von min Fru ehr vigeletten siden Strümp liggen, dei en grot Lock in'n Hacken hadd.

Ih, denk ick, dit's 'ne paßlich Gelegenheit, daß ick mi wedder bi ehr in Gunst setten dau; ick ward ehr en poor nige köpen. Also smit ick rasch den Strump in Hanne sin Mapp, makt minen Kaffee in die Käk warm un fohrt ut'n Hus', denn 't was de höchste Tid för mi.

Ick hadd knapp so vel Tid, Hanne de Mapp hentausmiten, un arbeit't nahsten as dull mang min Registers.

Middags Klock twei wir min Deinst tau En'n, beten flau wir mi noch in de Mag von wegen all de Marsbegebenheiten, un ick hadd Lüsten up 'ne heite Fleischsupp. Jawoll, hett sick wat mit Fleischsupp. As ick nah min Stuw rinkem, denk ick, min Fru will ümtrecken: Alle Saken stahn un liggen kunterbunt rüm, min Fru angelt mit'n Regenschirm unner minen Schriwdisch rüm, un von uns' Anna wir wider nicks tau seihn as de Achterbein, all't anner, wat tau ehr hürt, leg unner'n Sofa. As ick fragt, wat dit tau bedüden hadd, tillert de abellsch Anna as Antwurt mit einen Bein, un min Fru füng an: „Min vigelett –"

As ick des' irsten Würd hürt hadd, füllen mi min sämtlichen Sünnen in. Wat wir dat för 'ne fürchterliche Dämlichkeit von mi west, ehr den Strump wegtaunehmen; ick hädd em as Muster jo in kein Geschäft vörwisen künnt von wegen dat gruglich Lock. Also dacht ick, dat best is, ick dau so, as wenn ick von nicks weit; ick stellt mi also dämlich an, wat ick in Würklichkeit ok west wir, säd gor nicks un nehm förleiw mit dat trübselig Middageten; de beiden Frugenslüd hadden keine Tid, wat Vernünftiges tau kaken. In'n stillen nehm ick mi vör, an'n Nahmiddag nah Hanne tau gahn, den Strump tau halen un em heimlich in min Fru ehr Bedd tau fuschern. Aewer 't wir nich nödig; de Geschicht kem anners.

Nahmiddags üm de Kaffeetid fohrt Hanne sin Fru ut Stick un Atem bi uns rin un hadd kum Tid, beten Luft tau snappen, don schrigt sei los: „Min Mann is mi untru! Ick lat mi scheiden!"

„Na nu!" säd min Fru, dei ganz blaß worden wir, „drink 'ne Tass' Kaffee mit uns, Male, un denn vertell!"

Ihre Male Pampel sick hensetten ded, halt sei ut ehr Tasch en vigeletten siden Strump hervör, smitt em up'n Disch un röpt: „Dit heww ick in minen Mann sin Mapp funnen – so'nen Strump – mit so'n Lock! Den hett hei bi irgend ein Frugensminsch in sin Mapp futtrisiert – mintwegen ut Verseihn! Up dei Ort bün ick achter sin Streich kamen!"

Min Fru würd kridewitt bet an de Lippen, as sei den Unglücksstrump tau Gesicht kreg, sei bewert an'n ganzen Liw, na, don müßt ick inspringen.

„Beruhigen S' sick", säd ick, „äwer den Strump kann ick Sei en Licht upsteken. Ick heww em gistern Abend in de Mapp leggt, dei Hanne bi mi vergeten hett, un ick heww wedder vergeten, em ruttaunehmen. De Strump hürt uns' Anna tau. De dwatsche Dirn hett en lütten Vagel mit ehr bunten siden Strümp. Dorum wull ick ehr eis anführen un nehm ehr einen Strump weg, dei in de Käk leg: 't is de einfachste Geschicht von de Welt!"

„So is dat!" säd Male un atent hoch up.

Nah korte Tid güng sei, un don füll min Fru mi üm den Hals un säd: „Fritz, dit verget ick di nich, dat du mi up des' klauk Ort rutlagen hest!" Tranen so grot as Hasselnät kullerten ehr de Backen dal. „Wenn de ol Schenilj ahnt hädd, weckern de Strump tauhüren deit! Wo mag de Strump äwer nah Hanne sin Mapp rinkamen sin?"

„Ja", säd ick indringlich un strek mi den Snurrbort, „wo mag hei dor rinkamen sin. Wenn du dat nich weißt."

„Fritz", schrigt sei up, „du glöwst doch woll nich –"

Ick treckt mit de Schullern. Un nu füng sei an tau roren un säd wat von sonderboren Taufall un von höhere Gewalt un noch wat Ähnliches.

„Ja", säd ick, „so wat möt dat west sin, süs wir't jo nich mäglich. Lat man, wi reden nich mihr dorvon."

Den Abend hett min Fru sick swart wullen Strümp köfft, un an'n Sünndag marschiert uns' Deinstmäten mit de dorchläuchtigen vigell-siden Strümp tau Strat.

Afwinkt

Fru: „De Wohrseggersch hett mi profenzeit, dat ick den negsten Sommer ne Reis' in en Seebad maken würd."

Mann: „So? Denn gah noch eis hen un lat die profenzeien, woher du dat Geld tau de Reis' kriegen wardst."

Strand-Kunterbunt

Ein alter Mann sitzt im Dünensand, raucht seine Pfeife und schaut bedächtig bald auf das bunte Treiben der Badenden, bald hinaus in die See, in der die Fischerboote kreuzen und die Dampfer ihre Straße ziehen. Er ist wohlbeleibt, in seinem gesunden, frischen Gesicht leuchten schalkhafte Augen vor Frieden und Behagen. Eine ältere Dame streicht langsam an ihm vorüber, faßt ihn fest ins Auge und macht, nachdem sie sich auf Flintenschuß-Weite von ihm entfernt hat, entschlossen kehrt und steuert zu dem alten Herrn zurück, hält den Blick auf den Boden gerichtet und stochert hier und da mit dem Handstöckchen im Sand. Dann plumpst sie neben dem Alten nieder und sagt in herablassend-gönnerhaftem Ton: „Ich meinte, hier vorhin ein Stück Bernstein gesehen zu haben; aber ich habe mich wohl geirrt!"

Das Gespräch ist durch diese kleine unschuldige Lüge glücklich angeknüpft. Der Herr erwidert gemütlich: „Kann ümmer sin, kann ok nich sin! Dat kann 'n all nich weiten, wo de Häuhner ehr Eier henleggen!"

„Ah, Sie sprechen Plattdeutsch! Das höre ich nun gar zu gern, wenn ich es selber auch nicht reden kann; die Sprache ist so bieder und treuherzig!"

„Ja, man nich? De Minschen müßten man ok dornah sin; äwer't giwwt hier ebenso vel Kanalgen un Slinkfisters as annerwegt."

„Oh, das glaube ich nicht! Wie einfach und natürlich geben sich die Strandbewohner, das frische Wasser und die energische Luft, der Kampf mit Sturm und See reinigen auch die Seele; auch wir Städter werden, glaub ich, im Anblick des gewaltigen, ewigen Meeres besser und reiner; hier sieht auch der Eitle und Aufgeblasene ein, wie unbedeutend er ist – sehen Sie dort die Woge, wie sie anschwillt und immer höher wird – nun bricht sie in sich selbst zusammen, es bleibt nichts übrig als ein Haufen Schaum, und auch der verschwindet. Kann es ein trefflicheres Bild von allem menschlichen Streben nach Reichtum, hoher Stellung, nach Glück, nach Ruhm geben? Alles zerfließt wie ein Traum und macht neuem Wellenaufstieg Platz!"

„Ja, 't süht drullig ut, nich? Un wo putzlistig lett dat, so as de lütten Nacktschetters de Wellen äwer sich spöltern laten un mit Armen un Beinen strampeln. Das ewig Weibliche zieht sich nichts an, hett jo woll Vadder Goethe seggt, un hier wird's Ereignis!"

Die Dame warf die Nase in die Luft und meinte: „Ja – wenn Sie davon reden wollen – !"

„Worüm nich? Dat is doch grad dat Natürliche! In Sweden un Rußland maken de Damen noch lang nich so vel Ümstenn! Dor badt alls in reiner Natur, ahn Futteral, un mihr Schaden as hier in dat bunte Trikot ward dor ok nich anricht't – dor süht einer doch, wat einer bi un an sick hett – mein Gott, wie Minschen sünd doch grad so'n Naturgeschöpe as Pird un Poggen, un dei trecken sick ok kein Büchsen an!"

„Mir hat der Arzt dieses Seebad verordnet, weil Meerwasser das Muskel- und Nervensystem stärken soll. Glauben Sie auch, daß dies geschieht?"

„Ik glöw woll! – Kiken S', dor geiht de junge Fru Regierungsrat mit ehr Jungfer noh'n Strandkorf rin; wo stolz un vörnehm is sei, un sauber trimmt, nich? Wo käuhl un as sühst mi woll! Dat daun de Damen jo meistens, wenn sei sick jüst de Näs' allein utsnuwen känen. Un nu bückst de Jungfer ehr ut; en Laken is as Vörhang vörtreckt, de Operatschon, wo sei ut ehr wenigen Kleeder rutpöllt ward, dörft keiner seihn; äwerst nah en poor Minuten kümmt ut den Korf en nüdlichen Jung rut mit nackte Arm un Beinen. Aller Stolz un Vörnehmheit, aller Dünkel un Wichtigdauerei is von ehr affollen, sei is en fröhlich un lustig Kind, spelt mit de Wellen un mit de Mannslüd, dei sei nich kennt, un plümpert mit't Water, sei jachert un kalwert mit de annern, sei fäuhlt sick fri un as Naturminsch, un abends bi't Konzert in't Parkhotel is sei wedder de Unnahbore, dei käuhl äwer de anner Minschheit wegkickt. So as de See sick rauhlos wandelt, dei hüt ruhig un blank as en Speigel liggt un morgen wille Bülgen smitt; hüt still an uns' fründlich Land glucksen un morgen gegen de Bornholmer Felsen störmen, grad so wandelt sick de Minsch, un alls up de Ird. Nicks is fast un beständig, 't is 'ne narrsche Welt, un am kläuksten is dei, dei äwer ehr lacht. 't is nich wirt, irgendwat swer un irnst tau nehmen."

Die Dame lächelte leicht über diese Worte, die auch ihr als ein richtiger Standpunkt erscheinen mochten, kam aber auf das zurück, was ihr besonders am Herzen lag, nämlich Ansichten über die Heilwirkung des Seebades zu hören, und fragte ihn darum, ob sich bei ihm auch besserer Appetit nach dem Bade eingestellt hätte. „Dei fehlt mi grad noch!" sagte er lachend. „Ick glöw, mi is antauseihn, wat ick för en Appetit heww. Dat Baden holl ick för de verständigste un gesundeste Lustborkeit. Hüt sünd jo ok alle Zeitungen vull von swaule Biller un Geschichten ut de Seebäder, dei einen binah de Freud' an't Strandleben verleden känen. Äwer dor is swer gegenan tau hojanen. Dat möt 'n as Abwaschwater grad so bisid stellen as all de Biller von Sporthelden, dei hoch springen oder wid lopen känen oder dei mit ehr Gummifust so un so vele Minschen den Bostkasten inslahn, des' ganze Sük is man en Æwergang ebenso as de Detektiv- un Verbrekergeschichten."

„Ich mag auch gar nicht in die bunten Blätter sehn, die in den Zeitungsständen ausgeboten werden!"

„Ick ok nich! Dorför gah ick abends leiwer in't Parkhotel un kik bi't Danzen tau oder danz ok mit, ümmer von't Blatt weg. Nah de Musik lett sick alls danzen, wat rührend un vull Gefäuhl is."

„Das tun Sie wirklich?"

„Worüm nich? Dor möt'n alle Moden mitmaken! 't süht verdäuwelt ut, wat de Muskanten för verrückte Anstalten maken. De ein von ehr trummelt un paukt un klappert un klingelt un hüppt un wiwakt dorbi up sinen Stauhl up un dal as en dun Rider up'n Saddel un snitt en gebild't Gesicht dortau un denkt, hei is de Mann von dit Johrhunnert."

„Wie lange sitzen Sie denn dort?"

„So lang, bet't tau En'n is!"

„Und das können Sie noch alles mitmachen? Sie sind doch schon ein Sechziger?"

„Nee, gnädig Fru, en Säbenziger, de't ok noch bet achtzig bringen will!"

„Da ist das Bad also wirklich ein wunderbares Heilmittel!"

„Un de Luft ok", erwiderte er und blickte sie bedeutsam an. Man sah wohl, daß aus seinen Augen der Schalk um die Ecke spielte. „As ick hier tauirst ankem, wög ick recht wenig, un ick wir so swack, dat ick kum de Arm äwer'n Kopp bören künn. Ick künn nich mal ein Wort reden! De meiste Tid leg ick up'n Rüggen, un ick müßt' ut't Bedd rutbört warden; ick kunn nich stahn oder gahn. Äwer mit de Johre gew sick dat. Ick bün hier en ganz gesun'n Minsch worden, blot dat ick min' Pun'n wäg, dat is doch lästig."

„Das ist entzückend", rief die Dame, „wie freue ich mich, eine so interessante Bekanntschaft gemacht zu haben. Ich lebe hier bei Ihren Worten ordentlich auf. Das gibt mir ja Hoffnung, daß ich auch ganz wieder hergestellt werde. Wann sind Sie denn zum ersten Mal hierher gekommen?"

„Vör säbentig Johr! Ick bün hier geburen! – En Brocken Spaß hürt mit in't Vertellers; dat is Strandmod!"

In diesem Augenblick ging ein älterer Herr vorüber und rief ihm zu: „Du, Franz; ick kann min Fru nich finnen, hest Du ehr nich seihn?"

„Nee", erwiderte der andere, „nimm di doch 'ne anner, hier sünd jo naug!"

Unser Zugführer

„Darf ich Sie zu einem Glas Bier einladen?" fragte ich den Zugführer unserer Kleinbahn.

Der Zugführer sah mich scheu von der Seite an. „Sind Sie vielleicht ein Zeitungsschreiber?" fragte er sodann.

Ich bejahte, indem ich antwortete: „Gelegentlich!"

„Sehen Sie! – Ihre Freundlichkeit kam mir gleich verdächtig vor! Ich verachte und hasse die Zeitungsschreiber alle, wissen Sie, wenigstens soweit sie Geschichten über die Kleinbahn schreiben. Haben Sie dies auch schon getan?"

„Einmal allerdings!"

„Sehen Sie? Ich dachte es mir, und nun wollen Sie mich aushorchen!"

„Ich bin ein Freund von Eisenbahngeschichten und möchte Sie nur bitten, später im Zug mir einige Erlebnisse zu erzählen. Wenn ich später etwas schreibe, erzähle ich nur wieder, was Sie mir sagen! Das ist doch unverfänglich!"

Der Zugführer kratzte sein Kinn und meinte nach einer Weile: „Nun gut; sei es drum! – Sagten Sie nicht vorhin etwas von Bier?"

Als ich in den Zug einstieg und mein Billet gelöst hatte, stieg eine alte Frau bedächtig in den Wagen, und der Zugführer näherte sich ihr, um ihr ein Billet in die Hand zu drücken.

„Nehmen Sie doch!" sagte er.

„Ne!" antwortete die Alte entschieden.

„Was soll das heißen! Jeder bekommt sein Billet. Es gibt keine Ausnahmen!"

„Ick bruk kein Biljet un will kein Biljet, un unnerschriwen dauh ick gor nicks!"

Der Zugführer kratzte sich hinter den Ohren. „Das Landpublikum ist so eigensinnig und widerhaarig gegen alle neuen segensvollen Einrichtungen!" sagte er zu mir gewendet, „ich habe meine liebe Plage! Vor ungefähr acht Wochen wollte ein alter Tagelöhner vom Lande mitfahren, aber nicht im Wagen, sondern er stieg auf die Lokomotive, um darauf zu reiten. Er ließ sich nicht davon abbringen, wissen Sie, bis er sich eklig die Finger verbrannte! – War das vielleicht Ihr Mann?" schrie er plötzlich der Alten zu.

„Huching! Wat snacken Sie", kreischte sie auf, „min Mann? Min Mann reist nich up de Iserbahn, un wenn ick nich nah min Swesterdochter müßt, dei ick en Pund Bodder un'n Schacht Mettwust taudacht hew, denn let ick mi hier uck nich rupkrigen! Na, 't mag jo woll gnädig afgahn, uns' Hergott hett mi noch nich eis verlaten, un ick ward dit uck woll äwerstahn!" Sie machte ein ergebenes Gesicht. „Sie reden ja ganz philosophisch!" warf ich dazwischen. „Wat's dat för'n Fisch?" frug sie, „ick red nich von Fisch, un ick seih uck hier kein Fisch, un ick will mit Sei nicks tau daun hewwen, un Krischan Stut, wat 'ne widlüftig Fründschaft von mi is un dei bi Dokter Lembken Kutscher is, dei seggt, up de Iserbahn möt 'n nich mit frömd Lüd snacken, dor reisen luter Swindlers un Bedreigers up!"

„Nu nehmen Sie Ihr Billet, gute Frau!" sagte der Zugführer, so sanft wie ein weichgekochtes Ei.

„Ne!" gab die Alte entschieden zur Antwort und versteckte die Hände unter der Schürze; „ick nehm dat nich! Ick hew so oft up'n Unnebus un up Frachtwagen führt, un dor hett mi keiner Poppieren ansnackt, un unnerschrewen hew ick nich eis wat!"

„Sie sollen ja auch gar nichts unterschreiben", sagte der Zugführer begütigend.

„Dat seggen Sie man so! Ick weit all, wur dat kümmt. Mit minen Mann güng dat grad so! Den'n jükten uck de Gröschens, dei ick em in'n Ehstand mitbrócht hew, un hei müßt jo uck unnerschriwen, as de Kirl kem, dei ganz un gor ein Mul wier un so glatt snackt as Sei – un don güng dat Geld in de Wicken!"

„Nun", sagte ich zum Zugführer, „so geben Sie mir das Billet her, es ist ja am Ende gleichgültig, wer es hat!"

Die alte Frau kicherte in sich hinein und warf mir einen schadenfrohen Blick zu.

„Man ümmer tau!" sagte sie, „mi geiht dat nicks an, ick lat mi nicks in dei Hän'n steken; äwer jung Lüd sünd lichtsinnig!"

Infolge dieses Gesprächs fuhr der Zug mit einer Viertelstunde Verspätung ab.

„Sie werden Unannehmlichkeiten davon haben", wandte ich mich an den Zugführer, als er wieder zu uns kam, „ist der Direktor ein netter Mann?"

„I ja!" entgegnete er und blickte auf die Rauchwolken, die am Fenster vorbeizogen, „sehen Sie nur, wie die Maschine dampfen kann! Man könnte Spickgans drin räuchern! Der Direktor, wissen Sie, unter uns gesagt, kann schimpfen und Gesichter machen, als wenn er Kinder fressen wollte. Wenn ich ihn erschaffen hätte, so hätte ich sein Maul etwas kleiner gemacht. Ich fragte ihn kürzlich, ob er mein Gehalt nicht erhöhen wollte, da sagte er, der Lokomotivführer hätte ja auch nicht mehr. ‚Nun', sagte ich ziemlich dreist und sah ihm steif ins Gesicht, ‚der hat auch nicht genug!' Da sollten Sie gesehen haben, wie er losbürstete – verzeihen Sie, wenn ich so sage, aber der Ausdruck läuft mir so von der Zunge –. ‚Was!' rief er, ‚und Sie wollen mehr haben als der Lokomotivführer?' Da mußte ich denn still sein!"

„Ist Ihr Gehalt denn so klein?" fragte ich teilnehmend.

„O ja, danke, es ist so klein, daß ich mit meinen Finanzen und Schulden ein Vorbild für den besteingerichteten Staat sein könnte!" Er machte hierbei ein Gesicht, als wenn er ausgepfändet werden sollte.

„Ne", rief die alte Frau und hielt sich mit einer Hand krampfhaft am Fenstervorhang fest, während die andre den Korb an die Brust drückte, „wur geiht dit un wur regiert sich dit! Gor kein Pird; ne, Kinnings, Unnebus bliwt Unnebus! Dit geiht jo up Deuwel komm heraus!"

„Würden Sie denn", frage ich den Zugführer, „nicht lieber auf der Staatsbahn Beamter sein?"

„Ich habe daran auch schon gedacht, wissen Sie! Aber die Privatbahn, und namentlich die Kleinbahn, hat ihre Vorzüge. Nehmen wir an, es bräche ein Krieg aus, vielleicht mit Rußland oder Schweden oder womit Sie sonst wollen, ich bekümmere mich nicht um Politik und weiß nicht genau, mit wem es Krieg geben wird. Auf der Staatsbahn würde die Sache nach meiner Ansicht nun so verlaufen. Der Feind, angenommen der Russe oder Schwede oder Franzose – es ist wirklich gleichgültig, wen wir uns als Feind denken –, würde einen unverdächtigen Mann an den Billetschalter schikken und sämtliche Billets kaufen lassen, und dann kann der Feind lustig die Staatsbahn benutzen – denn er hat ja die Billets und das Recht zu fahren!" Er schrie die letzten Worte laut heraus.

„Nun", fragte ich gespannt, „und wie wäre die Sache auf der Kleinbahn?"

Der Zugführer stand auf, stellte sich auf die Zehenspitzen und sah auf mich herab. „Hier würde ich ja alle Feinde sehen", sagte er laut lachend, indem er auf meine Schulter schlug, „ich verkaufe meine Billets ja alle im Zug, wie Sie sehen, grade wie bei der Pferdebahn und" – er legte seine Hand an mein Ohr und flüsterte leise hinein – „ich würde dem Feind keine Billets verabfolgen und den Zug nicht abfahren lassen, wissen Sie!" Er setzte sich wieder mir gegenüber hin, legte beide Hände auf seine Knie und blickte mich eindringlich an.

„Das ist freilich recht patriotisch gedacht –", begann ich, aber er ließ mich nicht ausreden.

„Das wollte ich meinen!" sagte er.

„Nun", sagte ich ablenkend, „da wir einmal von Feinden reden, die Kleinbahn hat doch noch andre Feinde als die Großmächte!"

„Natürlich", entgegnete er, „und das sind, kurz gesagt, der Nebel und die *Fliegenden Blätter!*"

„Haben Sie im Nebel schon Unfälle gehabt?" fragte ich.

„Jawohl, einmal! Es war vor einem halben Jahr im Herbst, wissen Sie. Es war ein so dicker Nebel, daß man Stücke mit dem Messer herausschneiden und sie jemandem an den Kopf werfen konnte; die Lokomotive, die sonst so groß wie ein ausgewachsener Hirsch ist, sah aus wie ein Kamel, das die Nase in die Luft streckt und über Schandtaten nachgrübelt. – Sie kennen doch die Geschichte von dem Mann im Syrerland? – Nun also, ich saß gerade wie jetzt bei einem Reisenden, und wir erzählten uns von einer steinalten Frau, die hundert Jahre alt geworden war und bloß Wurst von einem Vorschußverein, wo der Kassierer mit zwanzig- oder dreißigtausend Mark, es kommt ja auf die Summe nicht an, vielleicht waren es auch dreihunderttausend Mark, durchgegangen war –, es war ein freundlicher Herr, wissen Sie, und er gab eine gute Zigarre zum besten –, da fiel ihm, als er die Spitze abschnitt, gerade ein, daß er zwei Stationen vorher seinen Regenschirm vergessen hatte. Es war recht fatal. Er bat und quälte mich, doch umzukehren und ihn wiederzuholen, wir könnten ja nachher schneller fahren, und ich tat ihm den Gefallen!"

„Kinnings un Lüd, wur rummelt dit un wur geberdt sich dit?" rief die Alte dazwischen.

„Nun", fragte ich, „wie wurde es?"

„Ich kehrte wieder um, und wir fanden auch noch den Schirm und setzten uns wieder in den Zug! Es war höchst unangenehm!"

„Nun, das finde ich nicht! Im Gegenteil, das war doch recht freundlich, daß Sie ein solches Opfer brachten!"

„Das meine ich ja nicht", sagte er flüsternd, „ich fing an, mit ihm zu erzählen von Äpfelpreisen und elektrischen Wagen oder wie sie heißen mögen, von Kaiser Wilhelm und Margarine, von Pontius und Pilatus und –"

Er stockte.

„Und?" half ich ein.

„Na, ich will's sagen, obgleich ich dies eine Mal Grund habe, mich selbst wegen Pflichtvergessenheit zu beklagen – ich vergaß, dem Lokomotivführer das Signal zur Abfahrt zu geben, und so blieben wir eine Stunde lang sitzen. Wir hätten längst an der Endstation sein müssen, und als ich zu meinem Schreck endlich mein Versehen gewahr wurde, fuhren wir rasselnd und donnernd ab durch den Nebel, aber da fuhr von der Endstation auch eine Lokomotive ab, um uns zu suchen." Er wischte sich die Stirn ab.

„Kam es zu einem Unglück?" fragte ich zitternd.

Er nickte traurig.

„Es war schrecklich", sagte er, „die Maschinen stießen aufeinander, und die Lokomotivführer sprangen herab, weil sie wohl in Büchern oder Zeitungen gelesen hatten, daß dies bei solchen Anlässen Sitte ist, wissen Sie!"

„Nun?" fragte ich gespannt.

„Die Wirkung war eine verheerende. Ich selbst verstauchte mir den Daumen, eine Fensterscheibe sprang der Länge nach durch, und ein Puffer am letzten Wagen stieß so heftig gegen den vor ihm, daß er ganz blank gescheuert wurde; ein Pferd, das auf dem Feld vor dem Pflug ging, schlug erschrocken mit dem Schwanz um sich, und später brach unter meinen Nerven eine Krankheit aus; mir schaudert, wenn ich an die Orthographie denke!"

„Woran?" fragte ich.

„So ähnlich heißt es: Kastigraphie oder Apostrophe, ich kann den Namen nicht behalten!"

„Meinen Sie Katastrophe?"

„Richtig, ja, so heißt es!" Er faßte wieder sein Kinn, scheuerte daran herum und heftete seine Augen sinnend auf mich.

„Warum rechnen Sie aber die *Fliegenden Blätter* zu Ihren Feinden?" fragte ich, um dem Gespräch eine andere Richtung zu geben.

„Nun, das ist eine müßige Frage! Lesen Sie doch die erste beste Nummer; erst kommt Herr von Stritzkow, dann zwei Studenten und dann die Kleinbahn mit Bildern dazu!"

„Ick will rut", schrie jetzt die Alte, „wi sünd all tau weit führt; ick will jo nah Fläutenhagen, un dor liggt all Plummendörp! Herr des Lebens, so 'ne Wirtschaft! Dor krigt 'n jo dat Inschott. Wenn dit gaut geiht, denn geiht alls gaud. Ick will rut!" Der Zugführer riß das Fenster auf und pfiff, und nach einigen Minuten stand der Zug. Die Alte kletterte hinaus.

„Ne", schimpfte sie, „einmal un nich wedder! Kinnings un Lüd! Ne, Unnebus bliwt Unnebus!"

Als die Frau auf freiem Feld abgesetzt war und wir weiterfuhren, begann der Zugführer wieder: „Ich möchte den Herren, die die Witze über die Kleinbahn machen, einmal eine Entgleisung gönnen, wie wir sie im vorigen Winter hatten. Wissen Sie, wenn sie einmal mit umkippten und sich im Schnee abkühlten, das wäre ihnen recht! – Unterbrechen Sie mich nicht. Ich weiß, Sie wollen sagen, das sei ja unchristlich von mir, so etwas zu wünschen, und eigentlich ist es ja auch so; aber ist es christlich, immer von uns zu schreiben? Was?"

„Haben Sie schon Entgleisungen gehabt?"

„Gewiß! Die schlimmste erst im vorigen Winter, wie ich schon sagte. Es lag fußhoher Schnee, die Bahn raste auf der Strecke wie – wie – nun, meinetwegen, wie eine wahnsinnige Feuerspritze, bauz, glitschte die Maschine aus, kippte um und fiel der Länge nach in den Graben. Die anderen beiden Wagen natürlich hinterher, wissen Sie. Die Lokomotive ist sonst zuverlässig, wissen Sie, aber sie glitscht hin und wieder aus; nun, andre Menschen glitschen ja auch aus. Unverständige Leute haben gesagt, sie hätte vor einer Mühle gescheut; aber das ist nicht wahr; sie kann nur nicht durch den Schnee kommen. Nun also! Es kamen Leute herbei, sieben bis acht Männer wimmelten auf dem Bahndamm, und einer hatte ein Fernrohr mitgebracht, als ob er uns damit helfen wollte; aber er konnte die Maschine nicht damit aufrichten. Der Bahnmeister fiel in den Schnee und in Krämpfe; wir mußten zwei Tage liegen bleiben, weil sich kein Lokomotivführer mit seiner Maschine auf die Schienen getraute, wissen Sie. Das schlimmste war, daß es kurz vor Weihnachten war; wir hatten uns zwanzig Retourbillets drucken lassen, die fünf Tage gültig sein sollten, aber wir wurden sie nun nicht los, weil wir Winterschlaf im Graben hielten" – er lächelte schwach bei seinem Scherz – „und in die Zeitung kam die Geschichte obendrein. Ein Gutes hatte die Sache aber –".

Jetzt wurde gebremst, der Zug hielt, und wir trennten uns; es ist mir ein Geheimnis geblieben, welches Gute die Entgleisung hatte.

Huching

„Huching," seggt dat lütte Mäten,
„Mi's dat Schörtenband afreten."
Huching, wenn s' wat fallen lett,
Oder wenn s' den Kop sick stött.
Huching, jucht sei, wenn s' sick wunnert,
Oder wenn et buten dunnert,
Wenn du unnern Arm ehr kettelst,
Un ehr üm en Kuß anbettelst,
Wenn sei'n Billerbok bekikt
Oder Ahntenbraden rükt.
Wenn sei dusend Daler arwt
Un en Stadtmann üm ehr warwt.
Huching, wenn sei sick verfiert
Oder'n gauden Snicksnack hürt.
Un wenn s' dit tau lesen kriegt,
Denn segg' s': „Huching! Wo hei lüggt!"

Hedwig

In einem Dorfwirtshaus hatte Herr Bäuerle einmal an der Wand ein Bild mit der Unterschrift *Das kranke Pferd* gesehen, auf welchem ein Pferd mit allen Gebrechen bemalt war, die es sich im Verlauf seines Erdenpilgerlebens überhaupt nur wünschen kann. Es war nach Angabe des Wirts zur Schau gestellt, um wißbegierige Landwirte zu „belernen" und um alle, die es nicht durchaus nötig haben, vom Pferdekauf abzuschrecken. Damals lief ihm eine Gänsehaut über den Buckel, und eine Haut von denselben Gänsen bewegte sich heute abermals über jenen Körperteil, als er in seinem Album blätterte und dabei das Bild seines Dienstmädchens Hedwig vorfand. Hedwig hat ihm vor kurzem diese Photographie eigenhändig geschenkt, um ihn versöhnlich zu stimmen, weil sie sich am Abend vorher erst gegen zwölf Uhr daran erinnert hatte, daß sie um zehn Uhr zu Hause sein sollte.

Er wollte ihr anfangs angewöhnen, auf den Namen Minna zu hören, aber sie ließ sich nicht darauf ein. Sie wäre, erklärte sie feierlich, mit dem ehrlichen und schönen Namen Hedwig zur Welt gekommen und wolle sich auch, so Gott wolle, nicht eher davon trennen, bis, was über kurz oder lang eintreten könne, ein beanlagter Schuhmachergeselle oder ein talentvoller Gemüsehändler oder eine andere Mannsperson mit guten Aussichten ihr Herz, Hand und einen anderen Namen anbieten würde; Frau Moses, was eine gute Freundin von ihr sei, und wo sie zwei Jahre lang gedient habe, hätte sie auch immer so genannt, „un up dei gew ik vel!" sagte sie, „dei kennt dei Minschen un weit, wurans 'n andern Minschen tau Maud is!" Gegen diese Vernunftgründe war nicht anzukämpfen; sie bekehrte sich nicht zu einem andern Namen und blieb völlig taub, bis sich Herr Bäuerle notgedrungen auf ihren Namen besonnen hatte.

Da sie gewöhnlich in einem grünen Kleid mit schwarzen Blumen von solcher Façon, wie sie noch kein Botaniker gesehen hat, auftrat, so sah sie von weitem wie eine Wiese aus, in der ein Kohlkopf steht.

Über ihre Gemütsbeschaffenheit unterrichtete sie ihre Herrschaft gleich bei ihrer Ankunft: „Ik bün von Natur sangfenisch", verriet sie, „twei Temperaturen kann 'n Minsch man verdrägen, ik hew uk man twei mitkregen, dat sünd de sangfenische un de hitzige, dat sünd dei besten von allen, dorbi bliwt 'n gesund un kann 'n olt warden. Dat hett mi dei Kortenleggersch Wewersch in uns' Dörp seggt, un wat dei, dat trefft ümmer in, un Fru Mosessen, wat 'ne gaude Fründin von mi is un dei dei Minschen genau unnerscheiden kann un dei mi all ehre Geschichten vertellt, dei seggt uck, ik hew starke Anlagen, un ik süll man ümmer taufreden sin, un't gew noch ganz ander Minschen, dei nich so inricht't wieren un lang nich so'n Ellbagen as ik hädden, un wenn einer glöwt –" Der Schluß dieser Rede ging verloren, da sich die Tür hinter der *sangfenischen* Hedwig schloß.

Es gelang ihr bald, ihre Herrschaft völlig nach ihren Wünschen und Neigungen zu erziehen und vorteilhaft auf deren Duldsamkeit einzuwirken. Am ersten Morgen putzte sie ihres Herrn Stiefel gar nicht, am zweiten nur den Vorderteil, und als er eine milde Vorstellung versuchte und ihr zeigen wollte, wie gut geputzte Stiefel aussehen müßten, bereitete sie sich ein Solbad aus Tränen und jammerte, eine so schlechte Behandlung sei sie nicht gewöhnt, und sie sei viel gewöhnt, „un ick kann woll wat verdrägen, äwer üm so'n Pakkatel 'n

Minschen tau schikkanieren, dortau vermeidt 'n sich nich, un dat verbidd't 'n sich, un 'n Slaraff bün ik nich, un ik hew 'ne gaude Fründin, dat is Fru Mosessen an'n Markt, dei seggt: dei Rendlichkeit kann 'n Minsch uck äwerdriwen, un dor geiht gor nicks äwer, wenn alls in sien oll Läus geiht, un bi all dat Wischen un Klaren un Putzen kümmt gor niks rut, seggt sei, un dei kennt dei Minschen so as einer!" Herr Bäuerle erschrak und sagte vier Wochen lang gar nichts zu ihr, putzte seine Stiefel selber, wenn er sie blank haben und nicht in den Verdacht geraten wollte, daß er ein zartes Verhältnis mit seinem Dienstmädchen hätte. – Hedwig erkannte sein besseres Betragen auch an und behandelte ihn mit Schonung. Als er einmal unerwartet Besuch bekam, bewegte sie sich mit der Schnelligkeit und dem Lärm einer Kavallerie-Schwadron die Treppe hinauf und sagte atemlos: „Herr Bäuerle, ein Großmudder von Ehre Kinder – dei Mudder von uns' Fru is eben ankamen!"

Er fragte sie demütig, warum sie nicht einfach sage, seine Schwiegermutter wäre da, worauf sie erklärte: „Ik wull Sei nich verfieren; denn 'n groten Schreck is Gift för dei Glieder, un wenn sich dat sett't, denn kann einer tidslewens doran rüken. Fru Mosessen is doch gewiß 'ne Fru, dei dei Minschen kennt, un dei seggt – –"
Da jetzt die Schwiegermutter eintrat, so schnappten ihre Kinnladen aufeinander und bissen die Ansicht ihrer menschenkundigen Freundin über die Folgen des Schrecks mitten durch.

Zu den ihr anhaftenden Eigentümlichkeiten gehörte ihre Liebe zu den Ecken. Die Ofenecken hatte sie zum Versteck für Lappen, Papier, Holzstücke eingerichtet, und sie behauptete, „'n Minsch möt blot alls orndlich verpacken, dat einer dat man ümmer so wegnehmen kann. Niks is pinlicher as vel lopen un säuken. Dat Säuken hett de Deuwel erfunden un dat Lopen sien Großmudder, un darum bün ik kein Fründ von vel Lopen un Säuken, un dat hett mien Fründin ümmer tau mi seggt, Hedwig, säd sei, jo nich vel lopen un säuken!" Ebenso schonte sie die Stubenecken und die Spinnenkolonien daselbst. Sie ließ sich nicht dazu erweichen, die zarten Netze wegzufegen. „Ander Minschen", so äußerte sie sich über diesen Gegenstand, „fäuhlen sich uk in ehr vier Wänd am wollsten, un dat is gor nich so slicht, wenn einer 'n beten Gefäuhl för ander Kreaturen hett!" – Sie selbst fühlte sich freilich draußen, und namentlich an der Ecke der Marktstraße, am wohlsten. Dorthin trug sie gern ihre Reize und ihre Ansichten, die sie mit denjenigen von Frau Moses verglich. Hier waren die Konferenzen mit Leidensgefährtinnen, die vormittags zwei Stunden dauerten, nachmittags auch wohl noch länger ausgedehnt wurden.

Auch die Tischecken bevorzugte sie, da diese ihr Gelegenheit gaben, ihre Schenkel zu stoßen und dann laut aufzuschreien. Dabei gelang es ihr in den meisten Fällen, das Geschirr auf den Tischen zu zertrümmern. Erfüllte sie hier aber nicht ihr Tagespensum an Entzweimachen, so fand sie in den übrigen Räumen des Hauses Gelegenheit genug dazu. Nichts war sicher vor ihr. Herr Bäuerle und seine Frau fühlten sich oft in die glücklichen Stunden am Vorabend ihrer Hochzeit zurückversetzt, als es draußen polterte und und lärmte und die Polterabend-Gesellschaft zusammenfuhr, wenn draußen das Bombardement zu stark wurde. Die Scherben begoß sie mit ihren Tränen, und sie hielt Reden, welche damit schlossen, daß sie nun ausgehen und leihen müsse: „'n Minsch möt sich mit de andern Minschen ümmer so stellen, dat einer ümmer kamen und leihnen kann! Un schellen un bandieren kann jederein, dat's kein Kunst un dorvon ward niks wedder heil!"

Bei alledem war ihr Gefühl für Gerechtigkeit stark ausgebildet. Als sie vor sechs Wochen einen guten Spiegel in der besten Stube unter Zuhilfenahme eines Wascheimers und eines Besens zertrümmert hatte und sich die ganze Zornesschale über sie ergoß, hörte sie still und andächtig zu, schüttelte häufig zustimmend mit dem Kopf, und erst, als Herr Bäuerle fertig war, sagte sie beifällig: „Dat is recht! – Dat wier nich orig von mi – un wenn 'n Minsch perdollsch is un dat geiht nich so, as dat woll gahn künn, un wenn einer dat mit lange Bessenstähls nich gewennt is un hei denn in den Speigel man so rinne fohrt, as sühst mi woll un mich nichts dich nichts, wenn dor 'n Minsch nich bi ruhig bliwt un nachher falsch ward – ne, alls, wat recht is, dor kann einer gor niks tau seggen, un't wier woll ebensogaud west, wenn't gor nich gescheihn wier. Äwer gistern üm 'n Dintenfat so'n Spektakel un einen dat Liew vull tau schellen, wenn't uck man halwvull wier, un dat meist is noch gor nich up'n Teppich kamen un't is all up'n Schriewdisch blewen, dei doch dortau dor is – ne, 'n Minsch hett uck sien Ihr, un wat tau vel is, is tau vel, un Fru Mosessen is dat nich eis up so'n Happen Dint ankamen, un wat brukt ok so'n düres Dintenfat up'n Schriewdisch tau stahn! Dei Minsch sall sich niks inbillen up Gaud un up Geld, noch tau, wenn hei niks hett, un so vel Plü hew ik uck, dat'n billig Dintenfat uck recht gaud is, dat ward doch wedder swart – äwer 'n Speigel? – ne, alls, wat recht is, dat möt uck recht bliwen. Fru Mosessen seggt dat uck ümmer, un dat is 'ne Fründin von mi!"

Daß Hedwig bei der Abfassung von eingekauften Lebensmitteln den Preis vergaß und dabei täglich einige

Überschüsse hatte, die Fleischreste vom Mittagessen auf geheimnisvolle Weise verschwanden, wenn ihr Vetter zu Besuch dagewesen war, daß ihre Hüte und Schürzen an Türdrückern oder sonst auffälligen Orten hingen – alles dies sei nur nebenher erwähnt, auch daß sie bürgerliche Einrichtungen, die sich längst als gut bewährt hatten, wie z. B. regelmäßiges Essen, Wachen am Tage und Schlafen bei Nacht, sorgfältiges Waschen und Kämmen usw. für Kinderpossen hielt, sei nur angedeutet.

Sie war aber auch leider ein wenig begriffsschwach, und dies hätte beinahe einmal dazu geführt, daß ihre sanfte kleine Herrin sich wider sie empörte. – Diese erhielt eine Einladung zum Damenkaffee, und als Hedwig die Karte zu ihr brachte, sagte sie, sie möge dem draußen stehenden Mädchen sagen, daß sie wegen Schnupfens nicht kommen könne. Hedwig ging auch eilfertig hinaus, und Herr Bäuerle konnte hören, wie sie bestellte: „Dei Fru kann nich kamen, sei snuppt – wur sei woll den Snuwtobak herkrigt; wenn'n Minsch –" Das übrige verklang in der Ferne. – Nach einer kleinen Abendgesellschaft im Hause gab ihr ein Schiffskapitän, der gerade kein passendes deutsches Geld hatte, ein schwedisches Zweikronenstück als Trinkgeld und Anerkennung dafür, daß sie ihm mit ihrem Ellbogen die Gabel in die Zunge getrieben hatte. Am nächsten Morgen fragte sie ihren Herrn über den Wert dieses Geldstücks aus, und er sagte, in Schweden gelte es soviel wie hier 2,25 Mark. Sie brachte entzückt das Geld zu einem Kaufmann, der ihr aber nur 2 Mark dafür gab. Ihr Zorn über diesen Betrug und ihren Verlust kannte keine Grenzen; man hörte sie drei Tage lang in der Küche und überall davon reden; sie deutete an, was Frau Moses in ähnlichem Fall gesagt haben würde, und machte Anmerkungen darüber, daß alle solche Ungerechtigkeiten gegen arme Menschen ihre Strafe fänden. Als dann später der Kapitän wieder einmal die Gesellschaft verließ und ihr wieder ein Geldstück in die Hand drückte, betrachtete sie es ängstlich, und als sie fand, daß es die gleiche Münze war, gab sie es zurück und sagte: „Ne, ick dank, an *einen* Verlust hew ick naug, ick will nich all Dag fiewuntwintig Penning verlieren, un dei Kopmann hett 'n Piek up mi! Den will ick dei Finsterladen noch eis anstrieken, un ick verget em siene Streich nich! Ick hew Sei ehren gauden Willen seihn, un wenn 'n Minsch den man süht, denn is dat uck gaud!" Herr Bäuerle machte seinem Dienstmädchen, als der 27. Oktober, der Umzugstermin, bevorstand, Vorschläge für besser bezahlte Stellen; aber sie hatte überall berechtigte Einwendungen: in einem Haus waren zu viele Kinder, im anderen zu viel Stuben zum Reinigen, im dritten gab's zu wenig Kartoffeln zu Mittag. „So'n gaude Herrschaften", sagte sie, „krieg ick nich wedder, ne – ick bliw, 'n Minsch möt sich nich verändern, wenn't nich nödich is, un wat nah kümmt, frett dei Katt! Un Fru Mosessen seggt uck: wat einer hett, möt hei wiß hollen –"

„Liebe Frau", sagte Herr Bäuerle am Sonntagmorgen, als er sich an den Schreibtisch setzte, „wo ist mein Notizbuch?"

„Das weiß ich nicht", erwiderte sie, „ich fasse deine Bücher nicht an. Es wird wohl im Rock stecken, den du gestern getragen hast. Dort hängt er noch, sieh selbst zu!"

„Ich hab schon nachgesehen; es steckt nicht darin!" Trotzdem machte er noch einmal den Gang zum Rock – natürlich vergeblich. Er hatte schon zweimal alle Taschen durchsucht. Er stattete nun dem Bücherschrank einen Besuch ab und musterte die Rücken der Bücher, holte vier oder fünf kleine Bücher hervor, um sie rasch wieder wegzustellen, und setzte sich wieder an den Schreibtisch, um zu überlegen. Am Freitag hatte er es noch in der Hand gehabt, um einen Scherz zu notieren, den er am Nachmittag von einem Freund gehört hatte. *Alles in der Welt kann der Mensch ertragen, nur nicht eine Reihe von dummen Fragen.* Er wußte es ganz genau, daß es am Freitag Nachmittag gewesen war, als er diesen Schnack gehört hatte, und zu Hause hatte er ihn gleich ins Notizbuch zur Bereicherung des dort aufgestauten Vorrats ähnlicher schöner Sachen eingetragen. Wo war er da geblieben?

Nach kurzer Überlegung trat er eine Forschungsreise durch seine Stube an. Von den fünfzehn Gelassen seines Schreibtisches bewegte er sich zum Sofa, von hier zu seinem Überzieher, dann weiter zum Notenschrank; er kroch auf dem Fußboden, um unter allen Schränken zu suchen, stieg auf Stühle, um oben zu suchen, aber abgesehen von einigen leichten Unfällen – einem zerschundenen Knie und einem blau angelaufenen Ellbogen – verlief die Reise ergebnislos.

Sein Notizbuch war ihm sehr wichtig. Es stand darin die Nummer seiner Uhr, ein Verzeichnis seiner Schulden, die Überschriften zu Aufsätzen und der Inhalt von Romanen, welche er noch einmal schreiben wollte; die Geburtstage von Bekannten, denen er aber trotzdem nicht gratulierte, weil er niemals an dem Tag das Buch aufschlug, wenn ein Geburtstag war; ferner Rezepte für Hektographenmasse und gegen Kopfschuppen, die er später gebrauchen wollte, wenn er einmal Hektographen und Kopfschuppen bekäme; Adressen, Skatzahlen usw., endlich aber eine Menge von Schnurren und Anekdoten, die er von Bekannten gehört hatte und die er dann anderen Bekannten gegenüber wieder aufwärmte. – Der Verlust eines so reichhaltigen Werkes ist nicht so leicht zu verschmerzen – ja, wenn damit auch gleichzeitig die Schulden flöten gegangen wären, die leider einen großen Teil des Buches füllten! Er überlegte wieder, hielt die Nase in die Luft und die Augen starr auf eine leere Zigarrenkiste gerichtet, die oben seinen Schreibtisch krönte und seinen Bekannten falsche Tatsachen vorspiegelte.

Da er auf diese Weise das Notizbuch nicht fand, schritt er ins Schlafzimmer und durchsuchte die Betten, weil er daran dachte, daß er manchmal abends noch im Bett Notizen mache. Unter seinem Bett fand er zwar ein längst vermißtes Taschenmesser wieder, das er mit Hilfe der langen Pfeife hervorangelte – das Notizbuch blieb verschwunden, und er setzte sich schwermütig wieder an den Schreibtisch.

Das Dienstmädchen brachte ihm Kaffee.

„Hedwig", sagte er, „ich muß dich einmal zur Rede stellen. Wer hat – "

„Un dat hew ick nich dan, un ick sall dat ümmer all dan hebben, un wenn Sei meinen, dat ick de Zuckertüt utnascht hew, denn sünd Sei up'n Holtweg; dei Minschheit is tau slicht, dat seggt Fru Mosessen uck ümmer, un dorin hett sei recht!"

„Das meine ich nicht", warf er dazwischen, „ich meine nur – "

„Dat's doch uck nich so slimm, dat ick Sei gistern Abend kein Water up'n Disch sett hew. Water brukt einer nachts nich tau supen, un Fru Mosessen, wat 'ne gaude Fründin von mi is, un dei dei ganze Niederträchtigkeit von dei Minschen kennt, dei seggt uck, dat is all slimm naug, wenn dei Minschen dags supen, seggt sei, un mien Vadder seggt dat uck, un dei wier tauirst man 'n Arbeitsmann un hett't tau wat bröcht, hüt is hei Nachtwächter un dat blot, weil hei dags nich süpt un nachts irst recht nich!" Hiermit knallte sie die Tür zu und überließ ihn seinem Nachdenken. Sie hatte ihn wie immer auf allen Punkten geschlagen, wie einst Simson die Philister, und auch mit denselben Waffen.

Er hörte, wie seine Frau in der Nebenstube ihr gute Worte gab, um sie wieder zu beruhigen. „Mein Mann sucht sein Notizbuch – er hat ganz den Kopf verloren!"

„Oh, as ick mit em sprök, hadd hei 'n noch!" sagte sie, „un wegen so'n Notizbauk brukt hei nich so'n Larm tau maken, un dat's doch man all dumm Tüg un Awergloben, wat dorin steiht!"

„Weißt du denn, was darin steht?" fragte die Frau erstaunt. „I bewohre, wur kann ick dat weiten!"

Herr Bäuerle begann wieder zu suchen; als dies ohne Erfolg blieb, nahm er Hut und Stock und machte einen Spaziergang, wobei sich bald seine trübselige Stimmung verlor. Auf dem Rückweg begegnete ihm ein guter Bekannter, dem er lachend seine Jagd nach dem Notizbuch erzählte. „Und das Mädchen sagte, es stände dummes Zeug darin?" fragte der Freund.

„Ja", antwortete Herr Bäuerle.

„Hast du denn schon in ihrer Stube nachgesehen?"

„Nein!"

„Das würde ich doch tun!"

Herr Bäuerle war noch nie in ihrer Stube gewesen; aber der Vorschlag leuchtete ihm ein.

Als er nach Hause kam, schickte er sie zu dem eine Viertelstunde entfernt wohnenden Konditor mit dem Auftrag, Kuchen für die Kinder zu kaufen. „Hier sind fünfzig Pfennig", sagte er, „kaufe Kuchen für die kleinen Würmer!" Sie trabte von dannen, und er war jetzt zwei Stunden sicher vor ihr; denn diese Zeit gebrauchte sie immer, um einen derartigen Auftrag auszuführen. Er ging still nach oben und bahnte sich durch allerlei Gerümpel, das als Bollwerk vor der Tür der Bodenkammer lagerte, den Weg zu Hedwigs Zimmer.

Mit Feldherrnblick überschaute er die Stube und entdeckte auf einem Tisch sofort das Notizbuch, welches aufgeschlagen neben einem angefangenen Brief lag. Auf einer leeren Flasche steckte ein Lichtstumpf; einer von seinen Federhaltern lag auf dem Tisch. Er ließ mit grimmiger Freude alles unberührt stehen und nahm dann eine Durchforschung ihrer Stube vor. Im Bettstroh lagen Äpfel, in der Schublade des Tisches Stahlfedern, unter dem Bett ein paar alte Gummigaloschen, in ihrem Koffer endlich, dessen Deckel aufgeschlagen war, eine großartige Sammlung der bisher auf unerklärliche Weise verschwundenen Dinge: ein Band von Reuters Werken, ein Thermometer, ein Vorrat Zigaretten in inniger Umarmung von Lichtresten, ein Bierseidel, in welchem Photographien steckten, eine Flasche Opoldedoe und vieles andere. Hedwig konnte alles brauchen.

Ebenso geräuschlos, wie er hinaufgestiegen war, ging er wieder herunter, holte einen Waschkorb und packte alles sorgfältig ein. Das Notizbuch kam wieder an seinen Platz; er konnte sich auch das Vergnügen nicht versagen, ihren Brief zu lesen und abzuschreiben. Es war ein Sammelsurium aus dem Notizbuch und lautete wie folgt:

gelibter heindrich.

ich Schreibe Dier häute 1 brif und ich kan vil vertragen bloß nicht eine reihe von Dummen Fragen und Herr Ernst Lorenz hat seinen geburtstag am 3. Spt. und wenn Du Kopfschuppen hast denn Reibe Glycerin darein und Frauentränen mit langen Reden und Köl-

ner Wasser mit langen Empfehlungen sind niemals echt ich Schreibe Dir auch der Köster ist nicht läutselig wenn er eine Stunde lang die Glocke ziehen muß und eine Braut ist viele Tage lang ein billiges Schaustück und wenn sie nicht schlecht ist, denn wird sie schlecht gemacht und in der Irrenanstalt des Lebens muß man lachen und wenn Du eins an herr L. behrens schreiben willst der wohnt in Berlin Grenzstr. 16 und mein herr spilt Lotterie Nr. 2439 und gewinnt nicht eins was, denn er Gibt mich nich eins ein Trinkgeld und ist man Immer Schäbich und wenn man einen Aufsatz über den Vorzug der soldatischen Erziehung schreiben will muß man selbst keinen Schlafrock tragen und morgen essen Wir Gänsebraden und ich Habe auch nog Schöne Zicharren for Dich und –

Hier brach der Brief ab. Herr Bäuerle trug den Waschkorb in seine Stube und ging Hedwig entgegen, als ihre Schritte auf der Treppe erdröhnten.

„Dei Kanditer seggt", begann sie, „hei hett kein Wörmkauken un ick süll man nah'n Apteiker gahn, wenn Sei ehr lütten Wörm los sin wullen!"

„Wo ist mein Notizbuch?" fragte er streng.

„Un dat weit ick nich un dat hürt sich jo binah so an, as wenn ick dat hew: Dat warden Sei woll versusengt hebben, grad so as don mit Reutern sien *Kamellen,* un uttauhollen is dat nich mihr, un Fru Mosessen seggt –"

Er ließ sie nicht ganz ausreden, sondern faßte sie am Arm und führte sie in seine Stube.

Ganz fassungslos über diese unerhörte Dreistigkeit folgte sie und sah nun die Bescherung im Waschkorb. Sie begann laut zu heulen und und mit der Schürze die Augen zu bearbeiten. Dann fiel sie auf das Sofa und schrie laut auf: „Ne, so'ne Hinnerlist, un dat all hinner'n annern Minschen sienen Rücken, un wenn dit

Fru Mosessen seg! Dei hett nich eis mienen Kuffert nahsnückert, un sei is doch 'ne gaude Fründin von mi, un ick holl grote Stücken up ehr un sei up mi! Äwer dat trefft all sien gerechte Straf, un hier bliw ick nich, un ick will doch de andern Dirns anstöten, dat s' sich nich hierher vermeiden, un so'ne Slichtigkeit is mi noch nich vörkamen. Tau'n säbenuntwintigsten treck ick, un ick bruk blot Fru Mosessen tau fragen, dei weit gliek 'n Deinst för mi un wurso? un wurans? Nu dauhn S' man nich so, as sühst mi woll! Hier bliw ick nich – so wat lat ick mi nich beiden. Un den Dreck känen S' behollen, ick will't nu gor nich mihr seihn!"

Hiermit verschwand sie.

Zwei Sonntagsfreuden hatte ihm sein Notizbuch gebracht: das alte liebe Buch, das er verloren glaubte, hatte er wiederbekommen, und seine Hedwig, die er längst weggewünscht hatte, war er losgeworden.

Awergloben

„Line, nu hängen S' mi endlich en rein Handdauk in de Slapstuw hen! Ick möt alle Dag en rein hewwen!"

„Ach, Herr, dat's jo man all Awergloben."

Nierenkrank

'ne Käksch kümmt an bi'n Doktor un klagt: „Herr Doktor, ick weit nich, wat mi fehlt, ick möt Sei man eis fragen. Mi is bald so, as wenn't mit mi tau En'n geiht. Min gnädig Fru is ok 'ne Studierte, weiten Sei, un kuriert dat ganze Hus. Sei seggt, ick wir nierenkrank, seggt sei. Nehmen S' blot mal an. Mi dünkt, von de

Nieren kann so'n Taustand nu man doch nich kamen!"
„Wi willen mal unnersäuken", seggt de Doktor. Un hei unnersöcht ehr von'n Kopp bit taun groten Tehn. Un nu strickt hei sinen langen Bort un seggt irnsthaft tau de Dirn: „De gnädig Fru is wohrhaftig nich dumm! Sei hett recht: Ehr Krankheit kümmt wohrhaftig von de Nieren her. Ick weit blot nich, ob von Kanonieren oder Pionieren."

Arrak-Grog

Auf dem Markt zu Greifswald befindet sich dem Rathaus gegenüber ein Brunnendenkmal, das die Form einer großen Petroleumlampe hat. Natürlich hat es oben keinen Zylinder nebst Glasglocke, sondern es steht dort eine junge, weibliche Person mit allmächtig großen Flügeln und langem Nachthemd. Das Mädchen schwebt mit dem rechten Bein auf einer Kugel und schlägt mit dem linken hinten aus, als wenn sie fluchtbereit wäre. Aber am Untergestell des Denkmals stehen zwei Greifen, die die Jungfrau da oben bewachen und als Nebenbeschäftigung Wasser spucken sollen. Das tun sie aber nicht. Es ist die alte schreckliche Märchengeschichte von dem Mädchenraub durch Greifen. Wenn es ihr einfallen sollte, wegzufliegen, so würden die Greifen sofort Jagd auf sie machen und sie einholen. Wer weiß, ob dann nicht das bißchen Zeug, das sie auf dem Leibe hat, zerreißen würde! Nachts freilich fliegt zuweilen einer von den Greifen, aber immer nur einer, weg von seinem Posten und amüsiert sich in Greifswald und Umgegend auf eigene Faust. Das wissen alle Studenten. Er guckt dann den Leuten in die Fenster, vertauscht Bänke und Fensterläden, hängt Schilder um und treibt allerhand dummes Zeug. Dann erzählen sie später dem Fräulein über sich, was sie angestellt haben und was in Greifswald überhaupt passiert. Wir können nur über die guten Leute lachen, die nicht glauben wollen, daß die Greifen nachts herumspuken; dabei nennen sie sich noch obendrein Freigeister. Mit dem Fräulein stehen sich die Greifen recht gut; das Mädchen hat sich mit ihrem Schicksal, da oben auf dem rechten Bein zu stehen und sich bewachen und besehen lassen zu müssen, abgefunden, und unterhält sich gern mit ihren Hütern. Aber die Greifen unter sich sind sich spinnefeind. Man denke nur daran, wie zwei Menschen, die im Wirtshaus einander gegenüber sitzen und nichts weiter tun, als sich anzustarren, giftig aufeinander werden können. Die Greifen sind zwar durch den Petroleumlampenfuß getrennt, durch den sie nicht hindurchsehen können, aber jeder weiß von dem anderen, daß er mit grimmigen Augen und offenem Schnabel und aufgeworfener Pranke hinter dem Lampenfuß lauert, jeder ist eifersüchtig auf den anderen, wenn dieser dem Fräulein eine hübsche Neuigkeit zuflüstert, die er nicht erfährt, kurz, er gibt soviel Zündstoff für Haß und Neid, daß sie nur wie zwei Kampfhähne darauf warten, einander eins auszuwischen. Besonders der eine, der einer Gastwirtschaft sein Hinterteil zuwendet, ist ein geriebener Bursche, ein rechter Muschwiter, und sinnt schon darum auf Streich und Schabernack, weil das Mädchen da oben den Kopf von ihm wegwendet. Viel besser ist übrigens der andere Greif auch nicht, der sich das Rathaus von hinten besieht, was wir für eine Respektwidrigkeit halten. Soweit darf man den Widerspruch gegen Ordnung und Polizei nicht treiben.

Nun sagte dieser Greif einmal abends zu dem Fräulein auf der Kugel: „Ich weiß nicht, mir ist äußerst sonderbar im Leib; ich habe das Gefühl, als wenn da ein Kloß liegt, und als wenn ich ein Ei legen müßte, gerade so wie damals, als ich die Mißgeburt ausbrütete, die nun oben auf dem Rathaus Feldwebel in der Wettermachkunst ist. Der Balg lernt es nicht, sich nach dem Wind zu drehen, und wie sehen seine Hinterbeine aus! Richtig ist es nicht mit mir, das fühle ich; es kneift, als wenn ich die Kolik im Bauch hätte. Das hängt ganz gewiß mit Eierlegen zusammen."

„Dann sehen Sie sich rechtzeitig nach einem Nest um", sagte die Jungfrau. „Hier auf dem Markte dürfen gnädige Frau nicht anfangen zu kakeln und ein Ei fallen lassen. Das würde zu viel Aufsehen machen und sehr übel vermerkt werden, obgleich es eine selbstverständliche und naturgeschichtliche Sache ist, daß man für Nachkommenschaft sorgt." Sie seufzte bei diesen Worten beträchtlich.

„Reden Sie nicht so laut, daß der Schlingel drüben Ihre Worte versteht", versetzte der Greif. „Er braucht nichts davon zu wissen. Mir wäre das Eierlegen wegen der Marktleute außerordentlich peinlich; man macht so etwas lieber in aller Heimlichkeit und im Dunkeln ab. Aber in der Stadt ist man übel dran; da wird man von allen beachtet, die Polizisten bewachen jeden Schritt, den man tut, und die Marktfrauen würden Witze machen, es ist ein wahres Leiden. Wissen Sie nicht einen Platz, wo man ungestört und unbeobachtet ist?"

„Ich wüßte wohl Rat", erwiderte das Fräulein, „gnädige Frau Greif sollten heute nacht nach dem Stadtpark fliegen und sich das alte, verlassene Schwanennest gegenüber von der Liebesinsel als Wochenbett einrichten. Dort sind Sie ungestört, und dorthin kommt der Parkwächter nicht mit seinem Handstock." So wurde es also gemacht, und nur die Wetterfahnen wurden es gewahr, als der Greif in der Dunkelheit aufflog und sich im Gebüsch des Stadtparks niederließ, wo noch das Stroh des verlassenen Schwanennestes lag. Hier legte er ein Ei von der Größe eines Menschenkopfes, kakelte und flog dann wieder zurück auf seinen Platz gegenüber dem Rathaus, wobei er dem anderen Greifen höhnische Blicke zuwarf, als wenn er sagen wollte: „Das mach' mir mal nach, Lieber!"

Von dieser ganzen Geschichte wußte der Mann nichts, der am nächsten Vormittag mit kurzer Pfeife, braunem Hut und schiefen Stiefeln, die längst volljährig waren, von einer dreitägigen, aber erfolglosen Hamsterfahrt nach Greifswald zurückkehrte. Er bog in die Feldstraße ein, war einigermaßen verdrießlich und mißgestimmt, und in dieser seelischen Verfassung wollte er nicht bei seiner Frau ankommen. Darum beschloß er, Herz und Gemüt mit einem Arrak-Grog anzufrischen, trat ein in ein Wirtshaus, in der dieses heiße Getränk munter rieselt, und warf seinen leeren Rucksack auf einen Stuhl. Dann nahm er den Hut ab, so daß der prachtvolle Kahlkopf sichtbar wurde, auf den sich jemals ein Mensch etwas eingebildet hat, und sagte zu dem Wirt: „Der Weg, der zum Butter- und Schinkenparadies hinaufführt, ist eklig glatt; drei Tage lang habe ich alle Künste aufgeboten, um etwas von den Fettigkeiten der Erde zu erlangen, aber es ist nichts zu wollen! Da will ich vom Tau des Himmels genießen – ein Glas Arrak-Grog! Ist Ihnen schon jemals ein so verrückter Mensch in die Arme gelaufen, der sein Tagewerk mit Grogtrinken beginnt? Aber was tut man nicht alles in dieser teuren Kriegszeit!"

„Was man sich vornimmt, das muß man ausführen", erwiderte der Wirt. „Das kann nicht anders sein, und es ist schon lobenswert, wenn man nur überhaupt etwas tut. Gegen einen betrübten Zustand ist immer ein Grog gut, noch besser sind zwei Grogs."

Das war so einleuchtend, daß der Kahlkopf nichts davon abzustreichen wagte. Als er zwei getrunken hatte, merkte er, daß seine Verstimmung schon zu verdampfen begann, darum trank er noch zwei Glas. Wer den Alkohol zuerst Geist, Spiritus, genannt hat, ist ein kluger Kopf gewesen. Im Grog sitzt der Geist von Mut und Lebensfreude gerade wie im Wein, im Bier haust der Geist der Faulheit und blechener Weisheit, und im Branntwein weht der Atem der Ruppigkeit. Der Mann mit dem braunen Hut war bereits bei Jahren und im gewöhnlichen Leben etwas tiefsinnig und schwerblütig: jetzt war er wie umgetauscht, ein Gefühl von Jugendkraft, die Lust zu wetten und zu wagen, war bei ihm eingekehrt, sein Mund lief über von klugen, fröhlichen Einfällen. Wenn alle bedachtsamen Alten das Feuer und den Geist der Jugend behalten würden, ohne sich erst mit Grog voll zu füllen, so gingen viele in besseren Hosen. Beim Trinken wurde es Mittagszeit, und es drängte ihn weiterzugehen. Aber wohin? Jetzt nach Hause zu gehen wäre unvorsichtig gewesen; denn der Arrak gehört zwar zu den Geistern, die unsichtbar sind, wofern man ihn im Leibe hat, aber er ist zu riechen, selbst wenn man den Mund schließt. Der Geist fährt auch durch die Nase in die Freiheit, und die Ehefrau des Mannes mit dem rauhen Bart, der kurzen Pfeife, dem braunen Hut und den schiefen Stiefeln hatte die merkwürdige Gewohnheit, bei seiner Heimkunft stets ihre Nase in die nächste Nähe der seinigen zu bringen, und zwar weniger der Küsserei wegen – über solchen Kinderkram waren sie längst hinaus! – sondern weil sie aus dem Nasendunst Grundlagen und Text zu einem längeren Vortrag über ehrbaren und ordentlichen Lebenswandel fand, den sie mit Beispielen aus der Nachbarschaft zu belegen wußte. „Selber riechen macht klug", war ihr Spruch, während der seinige lautete: „Selber trinken macht betrunken." Überdies hatte der Mann etwas Kamelartiges an sich, er konnte auf Vorrat trinken, als wenn er besorgt wäre, daß es sobald nichts wieder geben möchte. Nach seiner Überzeugung war er noch nicht betrunken, sondern nur wonnig aufgelegt, und so ließ er sich von dem Geist aus seiner Nase treiben, daß er wie ein Schiff ohne Steuer in der *Donauburg* strandete. Hier warf er wieder seinen großen, leeren Rucksack auf einen Stuhl und sich selbst auf einen anderen, und dann übte er sich weiter im Grogtrinken. Er trank mit Wohlgefallen und in tiefen Zügen wie eine Rohrdommel, bis er bei Anbruch der Dunkelheit zu der Überzeugung gelangte, daß es zwar nicht unbedingt notwendig, aber unter Erwägung der obwaltenden Umstände wohlgetan sei, wenn er jetzt Schluß mache und als ordentlicher Bürger und würdevoller Hausvater nach Hause und sofort zu Bett gehe. Durch einen noch nicht aufgeklärten Zufall geriet er dabei auf den Marktplatz, während seine Wohnung in genau entgegengesetzter Richtung lag. Auf dem Marktplatz stoßen alle vier Weltgegenden mit den Nasen aufeinander, und dort ist einer noch neunmal mehr in Verlegenheit, wo es nun weiter geht, wie es mit dem seligen alten Herkules der Fall war, der doch nur zwei Wege vor sich hatte.

Die Studenten wissen traurige Geschichten davon zu erzählen, wie rat- und hilflos sie oft in Nachtstunden auf dem Markt sich nach der gesuchten Straße umgesehen haben, um nach Hause zu kommen, und dann immer in die *Traube* oder in die *Falle* gelangt sind. Es war einigermaßen hell, da vier Bogenlampen brannten.

Durch ein geschicktes Manöver gelang es ihm, der Marktpumpe auszuweichen, die durchaus auf ihn losstürzen wollte, er steuerte weiter quer über den Markt, und in der nächsten Nähe des Denkmals verwickelten sich seine Beine in seinen eigenen Schatten, so daß er wie ein Hase im Netz strauchelte und auf den Steinrand des Brunnens fiel. Mit den Armen ruderte er in der Luft umher, und es glückte ihm, den Schwanz des Greifen zu fassen, der sein Hinterteil einer Gastwirtschaft zudreht. Anfangs glaubte der Mann, er läge auf seinem Sofa zu Hause, auf dem er immer gern grübelte, wenn er betrunken war.

Nun hatte der Greif schon mit manchem Studenten ähnliches erlebt; er regte sich wegen der etwas unhöflichen Benutzung seines Schwanzes nicht auf, sondern fragte: „Was willst du hier, du altes Wrack?"

„Oh, oh, Herr Greif", versetzte der Mann, „mir ist ganz dumm im Kopf."

„Das habe ich dir sofort angesehen", war die Gegenrede. „Wo willst du hin?"

„Nach Hause!" sagte der Mann in gerührter Stimmung,

„Wohnst du denn in dieser Gegend?"

„Ich glaube nicht!"

„Kommst du wieder aus dem Wirtshaus?"

„Natürlich", erwiderte der Mann und wunderte sich einigermaßen über solche kindliche Frage. „Man weiß in diesen nassen Jahren nicht aus oder ein. Drei Tage lang bin ich über Land hamstern gegangen, aber nicht einmal ein dummes Ei hab' ich erwischt!"

„Wenn dir darum zu tun ist", sagte der Greif leise, damit es weder der andere Greif noch das Brunnenfräulein hören sollten, „so will ich dir schon helfen! Nun hör' gut zu! Geh zum Stadtpark, wo in früheren

Jahren die Schwäne ohne Badehosen badeten und die nun alle aufgegessen sind – ich meine die Schwäne. Nun, in dem alten Schwanennest gegenüber von der Liebesinsel liegt ein frisches Greifenei von einem halben Meter Taillenweite, davon kannst du vier Wochen lang Eierkuchen, Rühr- und Spiegelei nach Herzenslust essen! Aber du darfst dich nicht von dem Greifen ‚kriegen' lassen – ich glaube, er horcht schon! Nachher, wenn es balkenduster ist, fliegt er hin, um sein Ei auszubrüten, du mußt es also vorher holen!"

„Das ist dankenswert", sagte er, „aber wie komme ich nur hin nach dem Stadtpark; ich habe zuweilen Anfälle von Entkräftung und Lähmung in den Beinen, und gerade heute fühle ich mich hilflos und hinfällig, die Beine wollen nicht mit, und die gebrauche ich immer zum Gehen!"

„Da weiß ich auch Rat", erwiderte der Greif. „Der Kater oben auf dem Hause der Akademischen Liedertafel ist ein guter Freund von mir. Er muß dort alle Nächte jammern und miauen, und es wird ihm eine willkommene Abwechselung sein, einmal mit dir zu spazieren und dich zu führen. Bleib einen Augenblick liegen, ich fliege rasch hin und sage ihm Bescheid."

Der Greif flog fort nach dem Karlsplatz und kam bald mit dem Kater zurück. Beide richteten den Mann auf, der zunächst mit den Beinen einknickte und dabei vor dem Greifen eine so verwickelte und von jedem Herkommen abweichende Verbeugung zustande brachte, daß sie eigentlich hätte eingerahmt werden müssen. Er fragte den Greifen, was er für das große Ei zu zahlen habe, worüber der Greif einen Lachkrampf bekam und rief: „Nun lauf, du Dickkopf!" Das tat der Mann unter liebevoller Hilfe des Katers, und es war sonderbar, daß dabei die Häuser mit ihnen um die Wette liefen.

Auch oben am Himmel ging es lustig her. Die Sterne tanzten und sprangen und schossen Kobolz, drehten sich umeinander, und einige junge, die sich nicht zu benehmen wußten, fielen hinunter auf die Erde.

Es begegneten ihnen nur Studenten, die sich aber nichts bei diesem Anblick dachten; sie hatten alle schon Reisen in Gesellschaft des Katers gemacht. Die beiden stolperten vorbei am *Kurhaus* und an der *Giftbude,* und in kürzester Zeit hatten sie den Stadtpark und das verlassene Schwanennest erreicht. – „So", rief der Kater, „nun rasch das Ei in den Rucksack!"

Der Mann hatte kaum das große Ei in Sicherheit gebracht, da hörten sie in der Luft ein so gewaltiges Sausen und Brausen, als wenn zwei Sturmwinde um die Wette rumoren.

„Oh, oh, da kommt der Greif!" miaute der Kater jammernd. „Wirf Deinen Rucksack ins Gebüsch, das Ei soll er nicht haben, das soll Dir bleiben. – So! – Und nun lege Dich der Länge nach auf den Bauch, ich werde Dich mit dem Stroh des alten Nestes zudecken, daß bloß dein Kopf herausguckt. Angst brauchst Du nicht zu haben; ich verlasse meine Freunde nicht; es soll keiner sagen, daß der Kater nicht pünktlich zur Stelle ist, wenn man ihn haben will!"

Der Greif kam daher gefahren, sah den Kopf des Mannes, kahl und blank wie eine Kegelkugel, ließ sich darauf nieder und begann geduldig zu brüten.

Was hat er aus dem Kopf herausgebrütet? Diese Geschichte. Wer zufällig weiß, wie sie abgelaufen ist, kann sie weiter erzählen.

As tau Hus

Fritz Wendt ut Gripswold makt en Utflug över Land; hei will mal nicks seihn un hüren von den Stadtlarm un mal billig inkopen. Hei lett sick ne Mahltid int Dörpwirtshus updrägen, Rührei un Speck, Mettwurst un Schinken un Bodder, un hei ett as een Schiffbrüchig, dei acht Dag nicks as Soltwater genaten hett. Endlich seggt dei Wirt: „Sei hewwen drei Mark tau betahlen."

„Dat is ja noch dürer as in Gripswold!" röpt Fritz Wendt.

„Ja", seggt dei Wirt, „ick sett de Prise ümmer so an, dat sick min Gast as tau Hus fäulen sall."

Grad dorüm

De jung Fru Thiessen un ehr leiwer Mann
Gahn up de Strat un kiken sick dor an,
Womit de Koplüd Kundschaft ranwinken,
As Spickaal, Aeppel, Kes', Zigarren, Schinken
Un Frugenskleder, Bäuker, Figelinen,
Un Kaffebohnen, Semmel, Appelsinen –
Fru Thiessen bliwt vör en Schaufinster stahn
Un seggt: „Kuck dich mal diese Bluse an!
Entzückend, süß, nich? Schick und nicht zu teuer,
Das wäre etwas für mich, nicht wahr, du Treuer?"
De Mann weit sick in sin Freud tau faten
Un seggt: „Ick heww minen Geldbüdel tau Hus
                                                  laten!"
Nu fröggt de junge Fru denn wat verzagt:
„Du Lieber, hast du gar nicht dran gedacht,
Daß ich doch nicht vergeblich hier würd laufen,
Und daß ich sicher wollte etwas kaufen?"

„Gewiß", antwurdt hei drög un mit Bedacht,
„Gewiß, min Leiwing, dat heww ich dacht!"

Im Moor

Die Frau des Hauses, eine volle, blühende Schönheit, erhob sich von ihrem Platz am Eckfenster und schob mit den Händen die Blumentöpfe vor dem Fenster in eine Reihe zusammen, so daß die brüchigen Zweige des Heidekrauts mit ihren schmalen, kleinen Blättern und blaßroten Blümchen ineinander übergingen und ein zusammenhängendes Polster bildeten. Der einfache, durchaus nicht unschöne Schmuck dieses Fensters war nur Heidekraut.

Sie hatte die Ordnung wieder hergestellt und reichte nun den beiden Männern die Hand zum Abschied. Einer davon war ihr Mann, der andere sein Freund, der bereits vor einigen Tagen eingetroffen war und nun auf der Entenjagd sich mit Ruhm bedecken wollte. Die beiden Männer standen marschfertig mit übergehängter Flinte und Jagdtasche in hohen Schaftstiefeln vor ihr und verabschiedeten sich, während der stichelhaarige braune Vorstehhund vor Jagdlust winselte und lebhaft an seinem Herrn aufsprang. Als die Frau ihrem Mann mit kindlich-glücklichem Ausdruck im Auge die weichen Lippen zum Kuß bot und sich auch in seinem Auge ein seliges Leuchten widerspiegelte, sagte sie: „Also einige Hände voll Heideerde aus unserm Rauhen Moor, Adolf!"

„Wozu denn das?" fragte der Gast.

„Für meine Moormyrthen!" erwiderte sie lachend und zeigte auf die Heidekräuter an ihrem Fenster. Der Gast nickte dankend für die Antwort, und die beiden

Männer verließen das Haus, wanderten durch die Stadt, überschritten die Brücke, die unweit hinter der Stadt über den Fluß führt, der sich durch das Moor schlängelt, und bogen nun links ab auf dem breiten, braunen Torfweg ins Moor hinein.

Es war ein sonniger Tag im Hochsommer. Ein geheimnisvolles Surren und Summen wie von der nächtlichen Lampe zitterte im Ohr, die Luft in der Ferne schien zu schwanken und die Wälder wie die Stadt weit hinten am Horizont, die jenseits des Moores liegt, schienen im grauen Dunst sich zu heben und wieder zu senken. Schmetterlinge spielten am Weg verliebtes Haschen, und aus dem Wasser der Torfgruben schoß zuweilen plumpsend der Kopf eines Fisches hervor, der nach Insekten schnappte. Auf den Flächen, in denen der Torf bereits nachgewachsen war, stelzten Störche zwischen scharfrandigen, gelblich-kranken Gräsern, Aschenkraut und Binsen. Hier und da wurde die öde, kahle Wildnis von Tannenholz unterbrochen, das gebüschartig verkümmert war und verwildert aussah wie die dünnen, verwirrten Haare eines alten Mannes morgens beim Aufstehen. Und auf dies alles und die beiden Jäger brannte die mütterliche Sonne und erfüllte alles mit Lust am Dasein.

Als die beiden Männer bei einer Schwenkung des Weges über eine schmale Holzbrücke schritten und den Fußsteig vor sich hatten, der ins Unterholz zu den Blänken führt, auf denen sich die Enten aufhalten, nahm der Gast seinen Hut ab, wischte den Schweiß von der Stirn und fragte dabei: „Warum wünscht denn deine Frau Erde aus dem Moor für ihre Blumentöpfe, Adolf?"

Der andere schien auf solche Frage vorbereitet gewesen zu sein und antwortete, indem er das Gesicht ein wenig zum Lächeln verzog: „Zur Erinnerung an einen Tag, wo ich eine Braut verloren und gleich eine andere wieder gefunden habe! Jetzt ist dir alles klar! Nein? Nun, so will ich's dir erzählen!

Mein Geschäft ging von der ersten Stunde an gut, und die Arbeit drohte mich zu verschlingen. Es fehlte mir in der kleinen Stadt an einer Erholung, die mich befriedigte, und an einer behaglichen Häuslichkeit. Ich hatte auch keine Neigung, als Junggeselle zu verrosten, und also sah ich mich unter des Landes Töchtern um. Gelegenheit dazu fand sich im Gesangsverein. Ich kann zwar nicht singen, aber darauf kam es so genau nicht an, da noch eine nicht geringe Anzahl der Damen und Herren die Gabe mit mir teilten, selbst bei den besten Noten falsch zu singen. Unter den Damen nun befand sich ein rasches, munteres Ding, im Singen eine ebenso edle Künstlerin wie ich, immer heiter und lustig, ja oft ausgelassen lustig. Sie schien Großstadtluft geatmet zu haben, da sie unerschrocken wie ein Mann war und schlagfertige Antworten gab, über die ich oft nicht geringes Vergnügen empfand. Sie war darin ganz anders geartet als die sonstige junge weibliche Welt, die bekanntlich und glücklicherweise mehr schamhaft-zurückhaltend ist. Ich fühlte mich von ihr angezogen, und da ich wußte, daß ihr Vater die schätzenswerte Eigenschaft besaß, reich zu sein – wenigstens nach kleinbürgerlichen Begriffen –, so suchte und fand ich Verkehr mit ihm, und es dauerte nicht lange, so sagte alle Welt, daß wir beide bald in den Ofen geschoben und ein Zwieback aus uns gemacht würde. Ihr Vater schien es auch auf mich abgesehen zu haben, er lud mich bei schicklicher Gelegenheit ins Haus, bald zum Mittag-, bald zum Abendessen, und ich ging jedesmal gern hin, kehrte jedoch meist mit dem Herzklopfen zurück, daß sie mich mit ihren fröhlichen Einfällen gut unterhalten habe, aber daß ich doch etwas dabei vermißt habe, nämlich das frauenhafte Empfinden, die vornehme Zurückhaltung, wie ich sie bei meiner Mutter kannte. So wurde ich von Zweifeln hin- und hergeworfen, soll ich sie nehmen oder nicht, soll ich den Verkehr fortsetzen oder aufgeben. Ich konnte noch recht wohl zurück, da sie mir mit ihrer kecken und übermütigen Laune keine Gelegenheit zu einem herzlichen, innigen Wort darbot und mir also selbst den Rückzug freiließ.

An einem schönen Julitag feierte ich in der Familie den Geburtstag des Vaters. Nach dem Mittagessen wurde ein Spaziergang vorgeschlagen, und da ich gern hier im Moor bin, so kam man meinem Wunsch entgegen, und wir wanderten auf demselben Weg, den wir nun gehen, her, lagerten uns auf einem Heuhaufen drüben zwischen den Torfgruben, scherzten und lachten, taten erschreckt, wenn eine Ente schnatterte oder ein Hase aufgescheucht wurde, und zum Überfluß zeichneten wir kleine Stückchen aus der Landschaft in unser Notizbuch. Nach einer Stunde brachen wir wieder auf und kehrten in die Stadt zurück. Ihr Vater ging mit seiner Frau voraus, wir folgten in kurzem Abstand. In ihrem leichten Sommergewand und dem gelben, breitrandigen Sommerhut erschien sie mir entzückender als je zuvor, beim Raffen des Gewandes, wenn sie über ein niedriges Buschwerk hüpfte, zeigte sie einen wundervollen Fuß, und ich weiß nicht, ob dies Berechnung war. Wenn's das war, so ist es mit der kleinen Eitelkeit, die in jedem Weib steckt, zu verzeihen. Es ist möglich, daß der Wein vom Mittag noch in mir glühte, daß auch die weiche Sommerwärme das ihrige tat, daß ihre Nähe mich berauschte, genug, es kam mir wie ein flüchtiger Duft in den Sinn, es sei ehrenhaft und ritterlich, der Sache ein Ende zu machen, und zwar so, daß sie und ihre Eltern Genugtuung daran hatten. Ich flüsterte ihr zu: ‚Stehen Sie einen Augenblick still‘.

‚Was soll's?‘ fragte sie.

‚Sehen Sie mich an!‘

Sie tat es, und ich neigte mich zu ihr, als wenn ich ihr etwas zuflüstern wollte. Dabei küßte ich sie auf den Mund.

Sie wurde rot und sagte: ‚Warten Sie, Sie Spitzbube!‘ Sie wollte sich anstellen, als wenn sie zornig wäre, aber es gelang ihr nicht. Dabei drohte sie mit dem Finger und zeigte auf ihre Eltern, als ob sie mich verklagen wolle.

‚Denen sag ich's schon selbst!‘ sagte ich heiter und wollte das verliebte Spiel fortsetzen. Es kam mir vor, als wenn sie nicht wisse, wie sie sich in diesem Fall zu benehmen habe, ob zimperlich tun oder sich hingeben solle.

‚Küsse mich auch!‘ sagte ich weiter.

‚Später!‘ erwiderte sie und lief fort von mir zu ihren Eltern, während ich mit langen Schritten ihr folgte. Ich hatte die beste Absicht, abends bei ihren Eltern um sie anzuhalten; aber es kam nicht dazu. Sie war sehr vergnügt auf dem Heimweg, trieb allerlei dummes Zeug, schielte mich von der Seite an, stieß mich mit ihrem Sonnenschirm in den Rücken, machte mir eine lange Nase und was dergleichen Dinge mehr sind. Ich suchte heimlich ihre Hand zu ergreifen, aber sie schlug mir mit der ihrigen darauf. Als wir dann uns der Stadt näherten und Menschen begegneten, tat sie äußerst ehrbar und nonnenhaft, was mich zum Lachen reizte.

Nach der Ankunft im Haus machte sich die Mutter daran, Abendbrot herzurichten, die Tochter half ihr, kam aber bald aufgeregt ins Zimmer zurück und rief: ‚Oh, das Unglück, ich habe mein Taschentuch im Moor vergessen! Es liegt noch auf dem Heuhaufen, ich weiß es ganz genau – ich habe mir dort die Hände abgewischt und warf es dann beiseite!'

‚Ich werde ein neues kaufen!' sagte ich lächelnd.

‚Nein, ich muß es wiederhaben!' sagte sie eigensinnig. ‚Wollen Sie es nicht holen?'

‚Aber Kind', murrte der Vater. ‚Das ist die Sache nicht wert! Ein Taschentuch! Er kommt ja erst in der Nacht zurück!'

‚Ich weiß, Sie tun es!' entgegnete sie und richtete ihre Augen auf mich.

Mir gefiel der Antrag nicht sehr, das muß ich sagen, und ich mag wohl eine verdrießliche Miene gezeigt haben. Ihr Vater ging hinaus, jedenfalls, um seine Frau von dem törichten Wunsch in Kenntnis zu setzen, und in dieser kurzen Zeit, ehe sie beide zurückkehrten, sagte sie: ‚Wenn Sie mich lieb haben, so gehen Sie!'

Ich war dazu entschlossen und erwiderte: ‚Wenn's denn sein muß, so gehe ich!'

‚Wenn Sie zurückkommen, erhalten Sie Ihren Lohn', sagte sie zärtlich.

‚Ich wünsche aber Vorauszahlung', entgegnete ich.

‚Das gibt's nicht! Also abgemacht!' Ich war schon marschfertig, als die Eltern kamen, hörte nicht viel auf ihre bedauernden Reden, die mir galten, und die ärgerlichen Worte, die sie an das verzogene Kind richteten, und ging hinaus. Die Tochter gab mir das Geleit bis an die Haustür. Ich wollte sie auf dem Flur an meine Brust ziehen, aber sie wehrte sich.

Ich kehrte also auf demselbem Weg zurück und ließ mir Zeit, um die Gedanken zu ordnen, die mir wie ein Mückenschwarm durch den Kopf summten. Einigermaßen war ich ernüchtert. Ich fragte mich, ob sie den Platz in meinem Haus und Herzen ausfüllen würde, den ich ihr einräumen wollte, ich suchte nach Beispielen, ob ein Mensch sich später zu seinem Vorteil geändert habe, ich sagte mir, daß noch andere Jahre für mich kommen würden, in denen ich reifer und klüger sein kann und bereuen möchte, mir fiel die Handschuhgeschichte von Ritter Delorges ein, und wenn meine Dame mich auch nicht unter die Raubtiere schickte, so kam ich mir doch mit meinem Auftrag auch als Held, aber leider als ein etwas lächerlicher Held vor, der wegen eines Taschentuchs drei bis vier Stunden marschierte. Dann dachte ich an ihren Vater, der so wenig Einfluß auf sie habe, der ihr in liebender Schwachheit nichts versagen konnte, und ehe sich dieser Gedanke verflüchtigen konnte, dämmerte es in mir auf, daß später mir eine Rolle als Spielzeug zugedacht sein möchte. Das alles und mehr ging mir durch den Kopf, als ich einem Menschenpaar begegnete, das mich Einsamen freundlich grüßte, wie es wohl Leute tun, die sich nicht kennen, aber sich in der Weltabgeschiedenheit treffen.

Es war ein Herr in weißem Vollbart, der ihm bis über die Brust reichte, und eine junge Dame, jedenfalls seine Tochter, wie ich annahm. Ihre Haare, hellbraun wie die Heideerde, flossen wellig um ihre Schultern, den Hut trug sie in der Hand. Ihre Augen waren groß und leuchtend, die Nase leicht gekrümmt, der Mund nicht klein, die ganze Gestalt überaus anmutig und formenschön.

‚Ein warmer Tag, Herr!‘ sagte der Alte lächelnd.

Ich nickte ihm bestätigend zu und gab einige Worte zurück.

Dann trennten wir uns. Ich fand den Heuhaufen und auch das Taschentuch wieder, setzte mich nieder, um auszuruhen, denn die stundenlangen Märsche hatten mich doch erschöpft, und spielte mit dem Taschentuch. Dann legt ich mich der Länge nach ins Heu, deckte das Tuch auf mein Gesicht, und mit dem zarten Veilchenduft, der ihm entströmte, kam mir die Erinnerung an die Eigentümerin, an unseren Gang, an den Kuß, und mit versöhnlichen Gedanken schlief ich ein.

Nach einiger Zeit weckte mich der Hunger, ein zwar recht prosaischer, aber darum nicht weniger fühlbarer Hunger. Beim Erwachen hörte ich leise Stimmen, und als ich mich aufrichtete, sah ich neben mir den alten Weißbart und die Dame sitzen, denen ich begegnet war.

Wir begrüßten uns wie alte Bekannte, so wie sich Leute morgens auf einem Schiff begrüßen, die sich gestern abend zum erstenmal flüchtig gesehen, die die gleichen Tage und das gemeinsame Los auf dem Meer rasch vereint.

‚Wir haben uns verirrt, lieber Herr', begann der Alte. ‚Der schöne Tag verführte uns zu einem Gang ins Moor, und nun haben wir den Pfad verloren. Überall stießen wir auf Sumpf und unwegsamen Bruch. Sind Sie bekannt mit der Gegend, daß Sie uns führen möchten?'

‚Ich kenne das Moor ziemlich genau!' erwiderte ich, hocherfreut, den beiden einen Dienst leisten zu können.

‚Es ist eigentlich lächerlich', sagte die Dame mit klangvoller Stimme, ‚daß wir nicht nach Hause kommen können! Wir haben unsere Stadt nur eine viertel Stunde vor uns und können doch nicht hinfinden!'

‚Sie kommen von drüben?' entgegnete ich. ‚Ja, das wird eine schwierige Sache! Da windet sich der Weg kaum sichtbar durch das Gebüsch zwischen den alten Torfgruben und zuletzt durch einen Sumpf!'

‚Ja gewiß, den sind wir gegangen!' bestätigte sie. ‚Aber wir müssen gehn', riet ich. ‚Es verschwindet schon das

Abendrot, und nach kurzer Zeit ist die Nacht da!' Ich ging voran, und wir standen bald vor einem breiten Abzugsgraben. Ich fand rasch die Stelle, wo er mit Baumästen und Zweigen angefüllt ist, die die Jäger dort zum Übergang aufgeschichtet haben, ging zur Probe einmal hinüber und zurück und sagte dem alten Herrn, er möge die Beinkleider hochziehen, und wenn seine Stiefel nicht ganz wasserdicht wären, so würde er sofort nasse Füße haben.

,Aber, wie wird es mit dir, Elise?' klagte er, als er unterwegs war und die schlüpfrige, schwammige Masse unter sich fühlte, die bei jedem Tritt zu versinken schien.

,Ich trage das Fräulein hinüber', rief ich so fest, als ob keine andere Möglichkeit, hinüber zu kommen, vorhanden sei.

Der Alte wurde unruhig.

,Vielleicht können wir auch mit Ihnen zurück in Ihre Stadt gehen und von dort auf der Landstraße nach Hause wandern!'

,Das wären fast fünf Stunden Weges', warf ich ein.

,Es wird schon gehen', meinte das Fräulein, um den Vater zu beruhigen. ,Ich komme wohl hinüber!'

Statt weiterer Verhandlungen sprang ich zurück zu ihr, nahm sie in meine Arme, während sie den ihren um meinen Hals legte, und trug langsam, langsam die süße Last über den Buschweg, in den ich tief einsank. Ich hörte, wie ihr Herz klopfte, und wünschte den Weg, der so schlüpfrig und gefährlich war, viele Male so lang, nur um sie noch länger an meiner Brust bergen zu können und den seligen Schauer ihrer unmittelbaren Nähe zu genießen.

Als ich sie drüben niederließ, dankten mir beide, und wir wandten uns dem Buschwerk zu. Es galt ein vorsichtiges, fühlendes Durchschieben durch das spröde, widerspenstige Strauchwerk, aus dem hier und da eine schwarze Tanne wie ein mürrischer Krüppel hervorschaute. Dann kamen wir an gefährlichere Stellen, an Sümpfe, in denen das Wasser durch die harten Gräser blinkte, dann wieder Gebüsch. Ich mußte bei der Dunkelheit mit dem Fuß und dem Auge suchen, und es ging sehr langsam voran.

Wir gelangten an eine Blänke von weiter Ausdehnung in der Länge, während die Breite etwa zwanzig Schritt betrug. Das Wasser stand tief. Die Gegend kannte ich, aber die Gefahr war nicht gering, da auch neben uns zur Linken eine lange Blänke sich befand. Bei Tag denkt man sich nichts bei einer solchen Wanderung, aber bei Nacht empfand ich Angst und Sorge um meine Schutzbefohlenen, die mir mit Vertrauen folgten. Ich tastete Schritt für Schritt, warnte hier vor einem schmalen Graben, den sie überspringen mußten, dort vor einem trockenen Ast, der sich vom Baum gelöst hatte. So erreichten wir eine Bank, die die Torfstecher mitten in den Gruben als Verbindungsweg hatten stehen lassen. Ich stand still und sagte: ‚Bis an den Sumpf kann ich Sie sicher führen, es sind bis dahin kaum noch fünf Minuten, aber dort hört bei der Dunkelheit meine Kunst auf. Dort findet sich das schärfste Auge nicht zurecht. Es gibt nur eins! Wir müssen versuchen, einzeln über die schmale Bank zu kommen!'

‚Ich bin so müde und erschöpft!' seufzte der Vater.

‚Ist das denn gefährlich?' fragte die Tochter fast weinend.

‚Ich denke nicht', tröstete ich. ‚Freilich, das Wasser steht tief und gibt der Bank keinen Halt. Mut, versuchen wir's, dann haben wir gewonnen. Drüben sind schon die Lichter Ihrer Stadt zu sehen, sind wir hinüber, dann führe ich Sie ohne weitere Schwierigkeit nach Hause!' Meine Worte flößten ihnen Vertrauen ein.

‚Zuerst führe ich Sie hinüber', sagte ich zum Vater. ‚Fassen Sie meine Rockschöße und sehen Sie nur nach meinem Kopf!'

Er ließ sich überreden und tat, wie ich ihm geheißen. Langsam schritten wir über den schwankenden Pfad. Ich sah vor mir den schwarzen Strich, neben mir auf beiden Seiten den Glanz der schwammigen, grundlosen Masse. Je weiter wir schritten, desto heftiger schaukelte die Bank; es fehlten etwa noch fünf Schritte, da bröckelte nach der Seite ein Klümpchen Torf ab und kollerte ins Wasser.

‚Etwas rascher gehen!' rief ich besorgt.

Wir liefen fast das letzte Ende und kamen glücklich an. ‚So', sagte ich, ‚einer ist im Trocknen! Dem Mutigen gehört die Welt. Nun kehre ich zurück und leite Ihr Fräulein Tochter auch herüber!' Kaum hatte ich dies gesagt, da hörte ich, wie wiederum eine Menge Torf aus dem schwammigen Damm herabstürzte und von der Tiefe verschluckt wurde. Ich begann bereits mich vorwärts zu bewegen und tappte jedesmal erst zu, um die verfängliche Stelle zu finden und sie zu überspringen. Den Gedanken daran, wie es werden würde, wenn ich mit der Dame zurückkehren würde, verscheuchte ich rasch und strengte meine ganze Aufmerksamkeit an, um auf dem Weg zu bleiben. Da kollerte und stürzte es wieder vor mir, meine Füße schienen ihren Halt zu verlieren, ich eilte vorwärts, halb kriechend, und kam über die schlimme Stelle. Aber kaum war ich hinüber, da brach die Bank durch, ganze Mengen mit sich hinabreißend, so daß eine Lücke von mehreren Schritten entstand. Ich kroch auf allen vieren vorwärts und rief: ‚Die Bank ist gebrochen!'

Es antwortete niemand. Ein kurzer Blick rückwärts belehrte mich, daß es Wahnsinn wäre, etwa springend über die Lücke hinwegzusetzen, und so kam ich langsam, Schritt vor Schritt, bei der Dame an, die ruhend im Heidekraut saß.

Nun rief ich nach dem jenseitigen Ufer hinüber, daß wir nicht kommen könnten, es wäre unser sicherer Untergang.

Das Fräulein war ganz außer sich, als sie dies hörte. ‚Ich will zu meinem Vater, und koste es mein Leben!‘ rief sie.

‚Fürchten Sie nichts von mir, Fräulein!‘ sagte ich. ‚Hinüber lasse ich Sie nicht! Ich würde Sie mit Gewalt daran verhindern!‘

‚Ich kann hier doch nicht bei Ihnen bleiben!‘ rief sie entsetzt.

‚So lange, bis der Tag anbricht! Etwa vier Stunden!‘ erwiderte ich entschlossen. ‚Denken Sie, ein Bruder sei bei Ihnen!‘ Ich stellte mich vor die Bank, um jeden Versuch, sich dem Verderben auszusetzen, zu verhindern.

Jetzt rief der Alte von der anderen Seite, der bei dem schwachen Licht sah, was wir beide erst am Morgen sahen, daß nämlich eine Strecke von etwa fünf Schritt vom Damm verschwunden war. ‚Du bleibst drüben, Elise – Sie, mein Herr!‘

‚Ja?‘ erwiderte ich fragend.

‚Wissen Sie, daß der Ruf und das Geschick meines Kindes in Ihrer Hand liegen?‘

‚Das weiß ich, Herr!‘ antwortete ich hinüber.

‚Sind Sie ein Ehrenmann?‘ fragte er weiter.

‚Das bin ich!‘ rief ich kurz und kräftig.

Nun sagte er nichts weiter. Wir sahen nichts von ihm. Er hatte sich an ein Gebüsch gelehnt und starrte in den nächtlichen Himmel. Ich suchte ein weiches Polster aus Heidekraut und, um ehrlich zu sein, ich tat recht wehleidig und bedauerte, daß sie auf diese Weise gezwungen sei, eine Nacht im Moor zuzubringen, was indessen im Sommer gar nicht so übel sei. Und das war gewiß keine Heuchelei. Ich hätte aufjauchzen mögen, daß das schöne Mädchen, ohne mir entwischen zu können, bei mir bleiben mußte.

Sie konnte sich zuerst noch nicht beruhigen und verlangte, daß ich fortgehen und mich ins Gebüsch legen solle. Dann wolle sie schlafen.

‚Das geht beides nicht, Fräulein‘, gab ich zurück. ‚Ich bleibe bei Ihnen, und Sie können sich unbesorgt zum Schlaf niederlegen. Ich habe die Verantwortung für Sie! Wie leicht könnten Sie sich im Schlaf bewegen und dann abstürzen! Denken Sie ruhig über die Lage nach! Es läßt sich einmal nicht ändern! Plaudern wir doch! Ich höre Sie so gern reden!‘

‚Nein, erzählen Sie mir, wie Sie heute ins Moor gekommen sind, und wie Sie so leichtsinnig sein konnten, sich zum Schlafen hinzulegen und sich von der Nacht überraschen zu lassen!‘

Ich überlegte kurz.

‚Schön! ich werde es erzählen! Aber legen wir uns nieder! Wir sind beide müde!‘

Sie legte sich nieder und drehte mir ihr Gesicht zu. Sie schauerte zusammen, als wenn sie friere, ich bot ihr meinen Rock zum Zudecken an, aber sie lehnte ab und heftete ihre Augen auf mich, wie ein krankes, zitterndes Reh, das wehrlos dem Jäger preisgegeben ist. Ich bot ihr abermals meinen Rock zum Zudecken an, aber sie lehnte heftig ab.

‚Erzählen Sie!‘ bat sie. Und ich schilderte ihr mein einsames Leben, mein Sehnen nach einer Häuslichkeit, meine Erlebnisse mit meiner quecksilbrigen Schönen, mit Umgehung des Kusses, der mir nicht geeignet für die Unterhaltung schien. Sie warf zuweilen eine Frage dazwischen und erhielt das Gespräch lebendig. Allmählich verstummten ihre Fragen und meine Rede, und die Natur verlangte ihr Recht: sie schlief ein oder schien wenigstens zu schlafen. Ich schlafe sonst auch recht gern und gut, das gestehen mir selbst meine Neider zu; aber hier schlief ich nicht. Eine geheimnisvolle Macht hielt mich wach. Mein Herz bebte, als wenn Gefahr von irgendwo drohe, mein Blick blieb gefesselt auf der schönen Gestalt neben mir haften, und mein Geist strengte sich an, das Gesicht neben mir in Erinnerung zurückzurufen, diese holden Augen, die leicht geschwungene Nase und den Mund, der ein wenig, ein ganz klein wenig zu groß war und doch ihre Schönheit nicht beeinträchtigte, sie vielmehr noch hob.

Ich zog leise meinen Rock aus und bedeckte sie damit, faßte zaghaft ihre Hand und küßte sie leicht auf den Mund.

Dann legte ich mich wieder nieder und achtete, während das Blut in meinem Herzen und in den Schläfen hämmerte, auf den Nachtspuk des Moors, das mißtönige Geschrei der Eulen, das friedliche Quaken der Frösche, den Flügelschlag der Wasservögel. Ich kam mir wie ein Märchenprinz vor, der auszog, das Glück zu suchen, und es ungeahnt schnell fand; mich überfiel die Besorgnis, daß es ebenso traumhaft wieder zerfließen werde. Es beschlich mich das Gefühl der Verantwortlichkeit für das schöne Mädchen; ich grübelte darüber nach, ob die Vorsehung rechtzeitig eingegriffen habe, um mir ein anderes, holderes Menschenkind zu zeigen, das ich an mein Leben ketten sollte, und in seltsamer Rührung gab ich ihr im stillen Kosenamen, als wenn sie mein Weib wäre; ich war wie vom Wein berauscht, suchte wieder ihre Hand und behielt sie in der meinigen, als wenn magnetische Kraft sie verband. Ich hätte ewig so mit ihr vereint bleiben mögen im Wirrwarr von Sumpf, Bruch, Holzwerk und Gefahr, in der warmen, wohligen, lüsternen Sommernacht.

Aber die Nacht verschwand und machte dem Tag Platz. Der Vater rief zu uns herüber, als es gegen drei Uhr sein mochte. Sie sprang sofort auf und reichte mir meinen Rock. Dann wandte sie sich um, bedeckte ihr Gesicht mit dem Taschentuch und schluchzte laut. Warum? Ja, wer will solche Geheimnisse einer Menschenseele ergründen!

‚Geben Sie mir Ihr Taschentuch!' bat ich, einer plötzlichen Eingebung folgend.

‚Warum?' fragte sie, noch immer weinend. ‚Als teures Pfand und als Erinnerung an diese Stunden, liebes Fräulein! Es sind Ihre Tränen darin, darum soll es mir wert sein für alle Zeiten! Und nun weinen Sie nicht! Es haftet kein brandiger Fleck an Ihrer und meiner Ehre!'

Sie reichte mir das Taschentuch und sagte: ‚Ich habe nicht geschlafen!'

Sie bemerkte mein Erröten nicht, da sie bereits voranschritt. Nur wenige Minuten noch trennten uns von ihrem Vater, der auf dem jenseitigen Ufer durch das Gebüsch stapfte. ‚Ich habe nicht geschlafen, Sie Allerbester, Sie Treuer!' sagte sie und umschlang mich leidenschaftlich mit beiden Armen und küßte mich. ‚Dies soll *meine* Erinnerung an diese Nacht bleiben!'

Nun, da hatte ich den zweiten Kuß im Moor, eine für diese Gegend ziemlich reiche Auswahl.

‚Was würde Ihr grillenhafter Kobold dazu sagen, wenn er dies gesehen hätte?' fragte sie. ‚Ei, der würde sich eine Zigarette anzünden und die Flügel nicht hängen lassen!' erwiderte ich. Wir traten dabei aus dem Schutz der Tanne hervor, die offenbar gemütskrank war, da sie selbst bei dieser kleinen Szene äußerst trübselig und niedergeschlagen dreinschaute.

Der Vater empfing uns verwirrt und verstört und blickte uns beide scheu an. ‚Wir sind hier drei ohne Zeugen gewesen', sagte er, ‚es braucht niemand – davon zu wissen, hören Sie? Die Welt verleumdet so gern!' Ich versprach es ihm und zeigte ihnen den Pfad durch den Sumpf, den sie jetzt nicht mehr verfehlen konnten. Wir verabschiedeten uns mit Händedruck, und ich kehrte heim, sandte meiner ersten Dame ihr Taschentuch zurück und wandte meine Aufmerksamkeit von nun an der früheren Besitzerin des zweiten Taschentuchs zu, der ich häufige Besuche machte. Ich war ihr ein Gegengeschenk schuldig, und da ich von Natur nobel bin und gern besseres gebe, als ich empfangen habe, so bot ich ihr nach einem Vierteljahr, als wir vertraut genug geworden waren, meine werte Person für das Taschentuch an.

Sie nahm das Präsent an und machte ein ziemlich glückliches Gesicht dazu, glaube ich. Auch ihr Vater war damit einverstanden und sagte: ‚Ich hätte sonst meine Tochter noch ganz gerne einige Jahre bei mir behalten, aber freilich –.'

Er beendete den Satz nicht."

En nig Wurd

De Vadder un sin lütt Sähn beggegen en Paster in sinen Amtsrock. De Lütt frögt: „Worüm hett de Paster sick en witten Latz unner't Kinn bunnen?"

„Dormit hei sick nich bepredigt!" antwurdt de Vadder.

[Noch] en nig Wurd

„Kennst Du Irdmann Schulten?"
„Wat süll ick em nich kennen! Dat is jo min Bostfründ."
„Woans Bostfründ? Dat heit doch Busenfründ!"
„Woans Busenfründ? Min Fründ is doch kein Fru!"

Knab' und Röslein

An einer Schule unterrichtete ein nettes, kleines Fräulein. Sie hätte sich weit lieber den stillen Freuden beim Abwaschen in eigener Küche überlassen, als dem kleinen Schulungeziefer beizubringen, daß man *spazieren* nicht mit einem *tz* und *Pflaster* nicht mit *F* schreibt, daß die Kirsche am Baum wächst, aber nicht *wäscht*. Sie mußte beim Singen auf der Fiedel herumgreifen wie ein Schneider, der Flöhe sucht, und doch hätte sie lieber den Flöten und Fiedeln anderer zugehört und Walzer und Galopp danach getanzt. Sie mußte sich in einer Sintflut von roter Tinte ertränken und hätte doch lieber in einem Meer von Liebe geschwommen. Und nun erst das Rechnen! *Eine Gans kostet 9,75 Mark, was kosten dann sieben Gänse?* Solch haarsträubende Irrlehre stand in einem Rechenbuch. Da gab es noch märchenhaft billige Stiefel, bescheidene Gewinne beim Verkauf von Kattun.

„Nein", sagte sie zu ihrem Klassennachbar, der Schüler derselben Alters- und Gelehrtenstufe unterrichtete, „ich kann nicht mehr damit durchfinden!"

Es war in der Frühstückspause, als sie dies zu dem jungen netten Lehrer mit dem kleinen Schnurrbart sagte. Sie besuchte ihn in den Pausen stets in seiner Klasse.

Echte Kollegialität. An der Schule waren auch Herren mit silbernen Haaren, die doch viel würdiger sind, mit ehrbar herabbaumelndem Schnurrbart, aber von Silber mochte sie nichts wissen.

Während beide am Frühstück kauten, erzählten sie sich gewöhnlich von Lehrplänen, Rektor-Erlassen, Konferenzen, Schulrevisionen, lauter Dinge, in die sie bis über die Ohren verliebt waren. Dabei strahlten ihre Augen ein so gefährliches Feuer aus, daß er seine Augen eigentlich hätte zumachen müssen, aber das ist nicht leicht, und er tat es nicht.

„Machen Sie es doch wie ich", versetzte er und holte aus seinem Tisch ein Rechenbuch hervor. „Sehen Sie, ich habe das Buch mit weißem Papier durchschießen lassen und selbst Aufgaben zurechtgestellt, die besser für Zeit und Ort passen. Während des Unterrichts fällt einem bei einer Aufgabe schon eine andere ein, und die trage ich dann ein. Da! Alles voll geschriebener Aufgaben!"

„Das ist ja vortrefflich!" sagte sie mit dem schon einmal erwähnten gefährlichen Feuer in den Augen. „Darf ich mir das Buch mitnehmen, damit ich die Aufgaben abschreibe?"

„Aber mit dem größten Vergnügen", erwiderte er und streichelte ihr beim Überreichen des Buches die Hand. Das hat ja gar nichts auf sich. Als Gegendienst verlangte er, ihre Ansicht über eine Streitfrage zu vernehmen, nämlich auf welches Wort in dem Satz *Sah ein Knab' ein Röslein stehn* die Betonung gelegt werden müsse. Er, der Lehrer, hätte den Kindern beigebracht, daß sie beim Hersagen das Hauptgewicht auf *Röslein* legten, während der Rektor gefordert hätte, man müsse gleich das erste Wort *Sah* hervortreten lassen, weil die ganze Geschichte nicht denkbar gewesen wäre, wenn er das Röslein nicht gesehen hätte. Das Fräulein hatte sich in ihrer kurzen Schultätigkeit bereits die Fähigkeit, alles besser zu wissen, angeeignet, und erwiderte darum mit Festigkeit, daß der Knabe in dem ganzen trübseligen Vorfall die Hauptrolle spielte und darum auch durch besonderen Nachdruck in der Sprache bestraft werden müsse. Darüber unterhielten sie sich so interessant, daß die Zeit rasch verging. Als es klingelte und die Maschine zu neuen Angriffen auf die kleinen Köpfe wieder geheizt war (ich habe diesen poetischen Ausdruck gewählt, weil man in der hohen Dichtung nicht gern von vollem Magen spricht), begab sich das Fräulein in ihre Klasse, und der Lehrer leckte sich die Lippen ab, die er doch vorher gar nicht angefeuchtet hatte.

Das Fräulein schlug, da gerade Rechenstunde war, das entliehene Buch auf, und als sie die Handschrift sah, seufzte sie kummervoll wie eine betrübte Rathausfahne im Abendwind. Sie hatte kaum den Kindern eine Aufgabe an den Kopf geworfen, da öffnete sich die Klassentür, und herein trat der Schulrat.

Allmächtiger! sagte eine Stimme in ihr. Sie flog am ganzen Leib vor Angst und fiel beinahe in Ohnmacht, als sie ihn sah.

Das ist eine Eigentümlichkeit bei den Lehrerinnen, besonders bei denen, die immer behaupten, daß sie sich durch solchen Besuch nicht aus der Fassung bringen lassen. Der dreiste Herr nahm ihr das Buch aus der Hand und blätterte darin. Über sein bewölktes Gesicht flog ein Sonnenstrahl. „Ah, sehr gut! Das gefällt mir! So muß das Holz sein, aus dem gute Lehrerinnen geschnitzt werden! Das ist Treue und Fleiß! Man muß nicht schematisch arbeiten, sondern selbst finden und erfinden, das liebe ich!"

Sie nahm das Lob gefühlvoll in Empfang, und da sie ganz genau wußte, auf welcher Seite von ihrem Brot die Butter war, schwieg sie über den Eigentümer des Buches, nach dem der Rat sie auch nicht gefragt hatte.

Und nun prüfte er die Kinder in einigen Fächern, ließ sich die Kuh von den Nasenlöchern an bis zum Stengel beschreiben, fragte nach Italien und Kapitalien, scherzte mit den Kindern und sagte zu dem Fräulein, daß er sehr zufrieden sei mit ihren Leistungen: ihrer festen Anstellung stehe nichts im Wege. Er gab ihr das Rechenbuch zurück und streichelte ihr dabei die Hand. Das hat ja nichts auf sich.

Der Rat hatte noch einige Zeit und benutzte sie zu einem Abstecher in der Nachbarklasse. Der junge Lehrer mit dem kleinen Schnurrbart wütete ebenfalls in Rechenaufgaben: er hatte sich dazu ein Buch von einem Kind geben lassen, das ungefähr so aussah wie eine alte Regimentsfahne. Das Buch hatte auch viele Gefechte mitgemacht, es hatte als Waffe gedient, die andere dem Angreifer entreißen wollten. Der Rat sah mit einem barbarischen Blick auf das Buch und dann auf den Lehrer, der ergebungsvoll dreinschaute. Nun machte der Schulrat scharf, daß die Funken von seinem Schleifstein nur so sprühten.

Er fragte nach so vielen Dingen, daß die Kinder Magendrücken davon bekamen. Nach Abrahams Wanderschaft kam die Feuerspritze und dann das Unglücksgedicht vom Heideröslein. Die Kinder betonten nach der Rektoranweisung das erste Wort *Sah*, und der Schulrat rang die Hände. „Auf *stehn* ist der Nachdruck zu legen", sagte er, „die Rose hat nicht auf dem Boden gelegen, sondern sie stand blühend und aufgerichtet – ich will nicht mehr hören!" Dann wies er mit dem Finger auf das Rechenbuch und sagte: „Nehmen Sie sich das Fräulein von nebenan zum Muster, die ihr Buch –" Und nun erzählte er Rühmenswertes von der Jungfrau, während der Lehrer den Rat mit dem Ausdruck der tiefsten Melancholie anblickte, wie man ihn annimmt, wenn man getraut wird oder wenn ein Toast auf einen ausgebracht wird. Er erwiderte gar nichts.

In der nächsten Pause hüpfte die Lehrerin wieder in seinen Zwinger und streckte ihm alle Hände entgegen, die sie hatte. Und sie berichtete lachend von dem eingeheimsten Lob. „Daß dich was beißt!" sagte der Lehrer. „Entschuldigen Sie! haben Sie ihm nicht gesagt, daß das Buch mir gehört?"

„Oh, wie werd ich! Der eine klopft auf den Busch, der andere nimmt die Vögel!"

Da ging ihm der Humor der Sache auf. „Strafe muß sein", sagte er, und sie erschrak furchtbar, als sie plötzlich seine kalte Nase an ihrer Backe fühlte.

Wie die Geschichte weiter abgelaufen ist, kann man wohl denken, da sie sonst keinen befriedigenden Abschluß gehabt hätte. Er nahm sie bald darauf in seine Arme und drückte sie an sein Herz, seine Rechen-Ausarbeitung nämlich. Was dachten Sie?

De ripen Aeppel

In de Harwsttid stigen de Zackermenters von Dörpjungens bi Nachttiden äwer den Herr Paster sinen Gordentun un stibizen em an Awt alls, wat antaukamen is. Dorüm vermahnt de Paster in des' Tid regelmäßig sin leiwen Seelen in de Predigt, sick nich dörch den schönen Anblick von ripe Aeppel tau Stehleri verführen tau laten un leiwer ihrlich tau bliwen un nachts nich dörch de Gordens tau ströpen.

Dor stahn nu mal en poor Bengels up de Dörpstrat tausam, un de en seggt: „Wo wir't, wenn wi äwer Nacht eis den Preistergorden fissentieren deden?"

„Je", meint Korl, „het hei all äwer't Aeppelstehlen predigt?"

„Ne, noch nich!"

„Na, denn is't noch Tid! Denn sünd sei noch nich rip!"

Helmerich

Eine Sage

Vor Zeiten lebte in Richtenberg ein reicher, junger Huno, Helmerich geheißen. Sein eigener großer Besitz war der Sal oder Salhof, der auf einer kleinen Anhöhe in der Nähe der Salzwiesen lag, die von der Trebel durchflossen wurden. In diesem kleinen Bach hauste die Wassermuhme, die alte garstige Frau Munkel mit dem wirren Schilfhaar, den grünen Froschaugen und watschelnden Entenfüßen. An schönen Sommerabenden steckte sie den Kopf aus dem Wasser hervor und sang ein wehmütiges Lied, mit dem sie die spielenden Kinder an sich lockte, um sie ins Wasser zu ziehen. Das Lied aber, mit dem sie die Kinder betörte, lautete:

Kabbel, backel, fackel nich,
kunkel, munkel, runkel.

Wenn Herr Helmerich auf seinem Salhof dies ergreifende Lied hörte, stieg er oft zu der Wassermuhme hinab, um mit ihr zu plaudern. Dann verzog sich ihr breites Froschmaul gar lieblich, weil die Menschen ja sonst ihre Gesellschaft mieden. Es kamen dann auch wohl die Wichtel zu den beiden, die tief unten im Richtenberg ihre Schmiede hatten und deren unterirdisches Reich sich weithin erstreckte. Herr Helmerich brachte den Zwergen dann meistens Brot mit, das die Kleinen gern aßen, denn es war vom besten Korn gebacken. Zuweilen an warmen Herbstabenden, wenn die weißen Fäden um die Gräser flogen, teilte er vom gebratenen Huhn unter sie aus. Nach dem Schmaus klatschten die Wichtel in die Hände, und dann sammelten sich die Vögel der Umgegend, um mitzufeiern, die wilden Gänse, die kriegerisch schnatterten, die meckernden Bekassinen und die trommelnde Rohrdommel, dazu sang die Wassermuhme ihr rührendes *Kabbel, backel,* und dann tanzten sie alle auf der duftigen Wiese, die Wichtel und die Vögel, wobei sich namentlich die begabten Gänse in anmutigen Bewegungen hervortaten.

Herr Helmerich aber lag dabei auf der Wiese und freute sich über das heitere Völkchen. Im Arm hielt er einen wunderschönen weißen Schwan, der den Kopf auf die Brust des Huno gelegt hatte. Der Huno hatte ihn einmal zum Tanz aufgefordert, aber der Schwan hatte nur schwermütig den Kopf geschüttelt. Wer aber voller Neid und Eifersucht auf die beiden blickte, das war die Wassermuhme, die den jungen schönen Huno auch gar zu gern in ihre kühlen Arme genommen hätte, um sich von ihm küssen zu lassen.

Einmal hatte das Vergnügen und die Tanzfreude bis tief in die Nacht gedauert, die Menschen schliefen längst, die Eulen flogen mit lautlosem Flügelschlag über die Felder, und jetzt versteckte sich auch der Mond hinter den Wäldern. Da trat der König der Wichtelmännchen zu Herrn Helmerich und lud ihn ein, sich das unterirdische Reich anzusehen. Der Huno war sofort einverstanden, er hatte schon längst diesen Wunsch gehabt, in der Wunderwelt der Zwerge Umschau zu halten. Sein Schwan flog fort, und nun wurde Helmerich an den Berg geführt, der auf ein geheimes Zeichen des Zwergkönigs sich auftat. Er mußte den Atem anhalten vor Staunen über die funkelnde und glitzernde Herrlichkeit, die ihn umgab. An den Wänden blitzten kostbare Edelsteine, deren Licht auf die goldenen Ketten und Gefäße, die prunkvollen Schmuckstücke und das Geschmeide fiel. Von Saal zu Saal nahm seine Erregung zu, bis er in die Schmiede kam, wo die kleinen Künstler die Arbeiten herstellten. Im Vergleich zu dieser Pracht waren alle Schätze des Huno dürftig und armselig. „Nun wähle dir aus, was du von diesen Dingen haben willst. Nimm, was dir gefällt und so viel du brauchen kannst."

Helmerich aber schüttelte den Kopf und sagte: „Ich bedarf der Sachen nicht; wollt Ihr mir aber einen Ring zur Erinnerung an diese Stunde mitgeben, so will ich ihn gern annehmen."

Da lachte der König der Wichtelmännchen über den genügsamen Mann und holte aus einer verborgenen Ecke einen feinen goldenen Ring hervor, den er ihm reichte, indem er sprach: „Wenn du diesen Ring an einen Finger der linken Hand steckst, so ist dir jederzeit der Eingang zu unserem Reich geöffnet, du kannst dann ungehindert eintreten und von diesen Sachen nehmen, was und wieviel dir gefällt, solange du ein treuer Mensch bleibst. Es wird dich niemand dabei stören oder belästigen! Und sage niemand davon außer deinen Liebsten."

Damit verabschiedeten sie sich, und der Huno ging auf seinen Salhof. An den wenigen lauen Herbstabenden, die es nun noch gab, fand sich das glückliche Volk noch auf der Wiese zu munteren Tänzen zusammen, und der Schwan war stets dabei.

Als aber der Herbst ins Land kam und mit rauhen Stürmen und Regenschauern die Vögel vertrieb und die Bäume entlaubte, als alles welk und verdrossen schützende Winkel suchte, da war das heitere Spiel vorbei, man sah sich nicht mehr, und nur der Schwan strich zuweilen über den Salhof, ließ sich auch manchmal im Garten nieder und blickte sehnsüchtig nach den Zimmern, die der Huno bewohnte. Wenn er seiner ansichtig wurde, nickte der Huno ihm zu, was sofort freundlich erwidert wurde.

Helmerich war nun in den Jahren, wo man oft von dem Glück träumt, das man an der Seite eines geliebten Weibes genießen kann; und kurz entschlossen ließ er die Pferde satteln und zog von einem Salhof zum andern, begleitet von einem Troß von Knechten, um sich die Töchter der Edlinge anzusehen. So kam er auch zum Huno Griper, von dessen Tochter Hilder er bezaubert wurde, so daß er um sie warb und sie als Gemahlin heimführte. Frau Hilder war ebenso schön und anmutig wie wild und heißblütig, ebenso kurzweilig und lebenslustig wie falsch und verschlagen. Aber sie hütete sich wohl, die schlimmen Seiten ihres Wesens zu offenbaren, besonders da ihre Morgengabe nicht allzu reichlich ausgefallen war. Was indessen seiner jungen Frau an Schmuck und Ausstattung fehlte, das konnte Herr Helmerich ihr jetzt in überreichem Maße verschaffen. Eines Abends ging er fort, um Netze für das Wild zu stellen, wie er sagte, und kehrte dann mit Schätzen beladen zurück; er hatte von seinem Ring und seinem Recht Gebrauch gemacht. Die Augen der jungen Frau wurden fast geblendet von der Pracht und leuchtenden Schönheit dieser Schätze, sie stand sprachlos vor ihnen, und dann umarmte sie ihren Mann, von dessen Reichtum sie nichts geahnt hatte. Mit solchen Geschenken überraschte er sie noch öfter, und sie fragte ihn, wo das Versteck für seine unermeßlichen Schätze sei. Da gab er lachend zur Antwort: „Das sage ich dir vielleicht später!" So lebte das junge Paar in ungetrübtem Glück beieinander, bis er Nachricht erhielt, daß fern im Lande der Semnonen ein Krieg ausgebrochen sei, bei dem seine Hilfe gewünscht wurde. Helmerich war befreundet mit dem Huno von Unsal bei den Nauener Steinen, mit dem er einst das deutsche Land durchzogen hatte, und dieser war nun schwer bedroht. Da rief er seine hundert Buren mit ihren Knechten zusammen, und wenn ein frischer, fröhlicher Kriegszug auch nach seinem Sinn war, so fiel ihm doch der Abschied von seiner schönen Frau Hilder schwer.

„Man weiß nicht, was kommen kann", sagte er zu ihr, „jetzt sollst du erfahren, woher ich meine Schätze habe." Er ging mit ihr nach dem Richtenberg und zeigte ihr die Stelle, wo der Berg sich auftue, wenn man den Ring auf einen Finger der linken Hand stecke. Dabei überreichte er ihr den Ring und bat sie, ihn zu hüten als den kostbarsten Schatz und nur im Falle der Not Gebrauch von ihm zu machen. „‚Solange du ein treuer Mensch bist', hat der Zwergenkönig zu mir gesagt, ‚kannst du von den Schätzen nehmen.' Dir darf ich den Ring übergeben, da du mein Liebstes bist!" Sie versprach alles, was er von ihr verlangte, und weinte viel beim Abschied. Helmerich zog mit seiner Hundschaft nach Süden ins Land der Semnonen. Außer seinem Kriegsvolk hatte er noch einen Begleiter, das war sein treuer Schwan, der mit mächtigem Rauschen vor den Reitern herflog und den Heerhaufen nicht aus den Augen verlor. Abends jedoch, wenn sich das Heer lagerte, flog er nach dem Richtenberg und sah nach dem Rechten, und auf diesen Flügen hin und wider erfuhr er alles, was sich auf beiden Stellen zutrug.

Im Hause der Frau Hilder waren nur alte, verbrauchte Leute, die Kinder der Hörigen und die Mägde geblieben, ein Umgang mit ihnen war nicht geeignet, die Langeweile zu bannen, die sich bald einstellte. Sie spielte oft mit ihren Kostbarkeiten, und es kostete sie Überwindung, daß sie nicht schon am zweiten Tag in den Berg ging. Aber am dritten Tag konnte sie kaum die Zeit bis zum Abend erwarten. Bei beginnender Dunkelheit machte sie sich auf dem Weg zum Berg, gelangte glücklich hinein und zu den aufgehäuften Schätzen. Die Wichtel huschten herum, ohne sich um sie zu kümmern, ihr König ließ sich nicht sehen. Frau Hilder war über all diesen Glanz und Reichtum zuerst ebenso fassungslos wie einst ihr Mann; aber bald kam sie zur Besinnung, sie raffte zusammen, was ihr als das Wertvollste und Schönste erschien an kunstvoller Arbeit und blitzenden Steinen und schleppte soviel, als sie tragen konnte, fort. Der Berg schloß sich hinter ihr, und die junge schöne Frau fühlte sich im Besitz der neuen Schätze glücklich, an die sie im Wachen und Träumen dachte. Eines Tages wurden aber ihre Sinne abgelenkt durch einen fremden Reiter, der auf dem Salhof erschien und um Unterkunft bat. Es war Heiderich, der Sohn des Huno Hildebrand auf einem fernen Edelhof, der auf Reisen sich Kenntnisse und Erfahrungen verschaffen wollte. Frau Hilder nahm den Jüngling als willkommenen Gesellschafter auf und behielt ihn bei sich. Schon nach wenigen Tagen wurden die beiden jungen lebenslustigen Leute sehr vertraut miteinander, und man sah sie stets beieinander. Aber das Weibsvolk hat scharfe Augen, wo es ein verstecktes, verbotenes Spiel wittert; die Mägde flüsterten insgeheim unter sich boshafte Dinge über die beiden, die mit Ehrenhaftigkeit und Lauterkeit wenig Ähnlichkeit hatten, vielmehr ein schimpflicher und schmutziger Kram waren.

Die Beteiligten erfuhren freilich nichts von diesen spöttischen Nachreden, vor ihren Augen und Ohren wurden die Mißachtung und Beschuldigung geheim gehalten. Natürlich wunderte sich der junge Herr Heiderich über den Glanz und Prunk im Hause, und es währte nicht lange, da plapperte Frau Hilder, die geschwätzig war wie ihr ganzes Geschlecht, alles heraus, wie sie in den Besitz der Geschmeide gekommen war.

Nun wurde Heiderich von Habsucht erfaßt, und obwohl sie anfänglich nichts davon wissen wollte und sich sträubte, so wußte er doch durch Schmeichelworte und sogar durch Drohungen zu erreichen, daß sie beide in einer dunklen Nacht an den Berg gingen. Die Frau zog zitternd den Ring auf die linke Hand, und der Berg öffnete sich. Heiderich war überrascht von den Herrlichkeiten, die sich seinem Auge darboten. Schon wollte er anfangen, dies und jenes zu nehmen, da schrie ihm der Wichtelkönig zu: „Immer weiter gehen bis in die letzte Halle, da liegt das Beste!"

So durchwanderten die beiden Hand in Hand das ganze unterirdische Reich, und überall, wo sie erschienen, zogen sich die Zwerge zurück und wandten ihnen den Rücken, so daß sie zuletzt allein in dem großen Prunkgemach standen, in dem eine Quelle rieselte und plätscherte. Und durch das Rauschen und Sprudeln des Wassers hörten sie einen gurgelnden Gesang:

Kabbel, backel, fackel nich,
kunkel, munkel, runkel.

Hier sah das Paar einen goldenen Kasten, der von Diamanten und Edelsteinen in tausend Lichtern funkelte und schimmerte. Als beide darnach griffen, Frau Hilder und ihr Buhle, da reckte plötzlich die alte, garstige Wassermuhme ihren schilfbewachsenen Kopf aus der Quelle, blickte sie mit den grünen, tückischen Augen an und sagte: „Soweit wollt ich dich längst haben, du arges Weib!" Da öffnete sich mit einem entsetzlichen Knall der Grund unter ihnen, und daraus schossen die Wasser hervor, daß die Hallen einstürzten und ein großer Teil des unterirdischen Reiches in der Tiefe verschwand.

Die Gewölbe und Decken, alles brach ein vor dem rauschenden Wasser, und wo auf den Wiesen der Huno Helmerich oft mit den Wichteln und Vögeln gespielt hatte, war ein großer See entstanden, unter dem die Herrlichkeit begraben lag. Kaum war dies aber geschehen, da flog der Schwan herbei und tauchte und suchte so lange, bis er fand, was er suchte, nämlich den Ring an der Hand der ertrunkenen ungetreuen Frau. Er zog ihn ab und behielt ihn im Schnabel.

Nach glücklich beendetem Kriegszug kehrte Helmerich, eines frohen Empfangs gewärtig, mit Beute und Kriegsgefangenen wieder heim auf seinen Salhof beim Richtenberg, er erfuhr nur zu rasch, was sich mit seiner Frau und ihrem Liebhaber ereignet hatte, wie beide verschwunden und im See umgekommen seien. Aber die Mägde nahmen kein Blatt vor den Mund bei ihren Beschuldigungen, und so sah der Huno es als eine glückliche Fügung an, daß er von dem Weibe befreit sei. Nachdenklich ging er an den See. Da kam sein Freund, der Schwan, einher geschwommen, stieg aufs Land, legte schmeichelnd seinen Kopf an ihn und drückte ihm seinen Ring in die Hand. Helmerich konnte sich nicht enthalten, den Kopf des treuen, schönen Schwans zu umfassen und ihn auf den Schnabel zu küssen. Plötzlich stand eine wunderschöne Jungfrau in blütenweißem Gewand vor ihm und sagte: „Ich bin eines Huno Tochter aus dem Reidgodlande, und durch deinen Kuß ist die böse Verwandlung von mir gewichen, die ein arglistiger Zauberer über mich verhängt hat, weil ich ihm nicht zu Willen sein wollte."

Helmerich führte sie in seine Burg. Sie war aber so schön wie fünf Königstöchter zusammen, so daß die Sonne auf ihrem Spaziergang oft stehen blieb und sich umguckte, nur um sie zu sehen.

Bald darauf wurden die beiden Mann und Frau, und auf der Hochzeit ging es lustig her, die Wichtel waren auch geladen, draußen meckerten die Bekkassinen, trompeteten die Gänse und trommelte die Rohrdommel, die nun alle ihren Wohnsitz auf dem Teich nahmen.

Wenn du die Geschichte nicht glauben willst, so geh hin, Kamerad, und sieh dir den See bei Richtenberg an und höre der Musik der Vögel zu, sie sind noch alle da. Und wenn die Geschichte nicht passiert wäre, so könnte sie überhaupt nicht erzählt werden. Es haben schon viele den Eingang zu den Schätzen der Wichtel im Richtenberg gesucht, der heute der Papenberg heißt, und so mancher hat schon seinen Ring der Reihe nach auf alle Finger der linken Hand gesteckt, aber es hat sich noch immer nicht der rechte gefunden. Und daß unten im Teich unermeßlich viele Schätze liegen, weiß in Richtenberg jedes Kind; nur gesehen hat sie noch keiner.

Eine pommersche Städtegründung als Aktienunternehmen

Fünf Söhne des Herzogs Philipp von Pommern verglichen sich 1569 nach ihres Vaters Tod um die Nachfolge in der Herrschaft. Dabei wurden dem gutmütigen Bogislav das Klosteramt Neuenkamp und das Amt Barth zugeteilt, und schon der Umstand, daß er sich mit dieser stiefmütterlichen Abfindung zufrieden gab, beweist seine Bescheidenheit, wie denn auch bald die sonstigen trefflichen Eigenschaften seines Verstandes und Herzens, seine Regentenfähigkeit und die Liebe zu gediegenem Wissen zu Tage traten, die ihm die ungeteilte Verehrung bei Zeitgenossen und der Nachwelt erwarben. Aus Neigung vermählte er sich 1572 mit Frau Klara, Tochter des Herzogs Franz von Lüneburg und Witwe Bernhardts von Anhalt, aus welcher Ehe die letzten zahlreichen Sprosse des Greifenstammes hervorgingen.

Bogislav XIII. war ein allen guten Neuerungen zugänglicher, unternehmungslustiger Herr. Trotz seiner beschränkten Mittel richtete er seine Hofhaltung in Barth mit einer gewissen fürstlichen Pracht ein, gründete nach dem Beispiel von Greifswald, wo 1580 eine Buchdruckerei erstanden war, auch in Barth eine solche, aus der seit 1582 die plattdeutsch geschriebene CHRONIK VON LIVLAND von Russow, 1588 das plattdeutsche Bibelwerk, 1590 die GERICHTSORDNUNG sowie PEINLICHE HOCHGERICHTSORDNUNG hervorgingen.

Sein friedliches Schaffen wurde indessen vielfach durch das trotzige Stralsund gestört, das eifersüchtig seine hanseatischen Gerechtsame vertrat. Es kam zu Neckereien über Straßenzüge, Fischerei und Grenzen, Hegung und Beschützung ungetreuer Beamten des

Herzogs zu Bürgerrecht, ja, es drohte ein ernstes Zerwürfnis, als die Kramwaren der Stralsunder auf offenem Markt in Barth beschlagnahmt wurden. Erst nach langjährigen Verhandlungen begnügte sich der erbitterte Rat mit Wiederherstellung beschlagnahmten Gutes, aber Unmut und Verdruß wurzelten tief in des Herzogs Seele, und in ihm reifte der Entschluß, gegen die steifnackige Stadt, die fast die Geltung eines Freistaates erworben hatte, einen schmerzlichen Schlag zu führen und und zur Hebung des Gewerbes und des Kunstfleißes in seinem Ländchen eine neue Stadt zu bauen, die durch sinnreiche Mittel und eine ganz fremdartige Verfassung zum Wohlstand und zur Berühmtheit erhoben werden sollte. Die engen städtischen Verhältnisse seiner Residenz Barth sagten ihm obendrein nicht zu, und so wählte er die Stätte des verfallenen Klosters Neuenkamp für seine seltsame Neuschöpfung, die zu Ehren seines Schwiegervaters Franz von Lüneburg den Namen Franzburg erhalten sollte.

Im Jahr 1587 begann er mit dem Bau des Schlosses unfern der Kirche. Die heutige Schloß-Straße führte dorthin, und das jetzige alte Landratsamt mag der Wohnsitz des herzoglichen Hauptmanns Gützlav von Rothermund gewesen sein. Wie stattlich sich das Schloß erhob, ist auf der Lubinschen Karte erkennbar.

Am 10. November vereinigte er sich mit Adam Behr zu Semlow, Claus und Gützlav Rothermund zu Boldevitz und Vogelsang, Baltzer von Jasmund zu Spyker, Albrecht von Platen zu Porlo, Hans Krakevitz zu Divitz, Götke und Wedige von der Osten zu Batevitz dahin, daß der Herzog eine Hälfte seiner Stadt, die Adligen die andere Hälfte bauen sollten. Als Baumaterial wollte man die alten Klosterruinen benutzen. Die Anzahl der Teilnehmer war auf hundert festgesetzt.

Bogislav hatte bei der Gründung Franzburgs folgende Absichten. Es sollten in der Stadt nur Künstler, Kaufleute und Handwerker wohnen, während dem Ackerbürger die Stadt verschlossen bleiben sollte. Deshalb erhielt Franzburg auch keine Feldmark. Ein Adelskollegium von sechs Personen nebst einem Statthalter sollten das Stadtregiment führen, ähnlich wie es in der Republik Venedig der Fall war. Die Landesprodukte sollten in den Franzburgischen Werkstätten verarbeitet und Barth der Stapelplatz für den nordischen Handel werden. Die Urkunde vom 10. November 1589 führte diese Projekte näher aus, nämlich: Es sollten drei Tore, eines bei der Schmiede, das andere auf dem Gersdinschen Damm, das dritte am Mühlenwehr beim Gasthof gebaut, und um die Stadt ein Graben gelegt werden, damit das herzogliche Residenzschloß und die Stadt vor Räubern, Dieben und feindlichem Überfall gesichert sei.

Der Fürst verpflichtete sich, den Platz zwischen den Ringmauern, vor dem Schmiedtor und um das Schloß selbst zu bebauen; dagegen wurde alles übrige bis an den Richtenberger Teich und an den neuen Karpfenteich in den Hellbergen den Adligen zum Aufbau und zu Erbeigentum überlassen. Die Adligen wurden ermächtigt, Kornmagazine zu errichten, das Korn zur Bierbrauerei zu verwerten und das Bier zu verkaufen. Sie erhielten das Recht, überall im Lande des Herzogs Kalk und „Steinerde" (Lehm) zum Kalk- und Steinbrennen zu nehmen und zu demselben Zweck auch Torf aus den herzoglichen Mooren zu stechen.

In Betreff der Auswahl der Stadtbewohner wurde verfügt, *dass Ackerbau und Viehzucht treibende Bauern auszuschließen seien, weil diese aufs Land gehören;* es sollten allerlei kunstreiche und bescheidene Handwerker, die sich durch ihre Kunst und Industrie ernähren, und alles, was zur Kleidung, Geschmücke, Rüstung und anderem, so man bedarf, verfertigen, und eines jeden Begehren nach machen können, ferner Händler und Kaufleute angenommen werden. *Nachdem aber Kaufleute und Handwerker Justice und Regiment zu halten, als die dazu nicht erzogen, undüchtig – – – und von Natur allen Thieren eingepflanzet, daß die edlen über die unedlen herrschen, und solch Regiment, weil es aus der Natur herfleußt, bei allen Völkern, zu allen Zeiten, das beständigste gewesen, und auch noch ist, inmaßen man an den Venediern siehet, so nun weit über tausend Jahr von dem Adel regiert,* so wollten der Herzog und die Adligen die Stadt regieren, und derselben Macht, Heil, Ansehen und Reichtum mit höchstem Fleiß befördern. Es sollten sieben Regierungsräte und einer derselben als Fürstlicher Statthalter eingesetzt werden, und um die würdigsten zu finden, wurde ein so kompliziertes Wahlverfahren bestimmt, daß nicht deutsch zu beschreiben und nur *oculari demonstratione* zu begreifen ist, wie der Schreiber der Urkunde sich ausdrückt. Die Zahl der aufzunehmenden Adeligen konnte bis auf hundert steigen. Die neue Stadt sollte ein Appellationsgericht haben, sobald dies durch die Einwohnerzahl notwendig werden möchte. Ferner sollten die Adligen auch in Kriegs- und Friedenssachen Stimme haben, und der Herzog, indem er eines seiner wichtigsten Hoheitsrechte freiwillig aufgab, versprach, sich in keine Bündnisse oder Kriegshändel ohne Rat und Beliebung der sieben Regierungsräte einzulassen.

Zur Erziehung der Jugend sollte ein vornehmer gelehrter Mann gehalten werden, *der die jungen Edelleute zu den schönen Wissenschaften, zur sittlichen und politischen Erziehung anleite, und ferner ein Lehrmei-*

ster, der die jungen Herren auf dem Ringplatz üben, fechten, ringen, springen, dantzen, reiten, tournieren, stechen, brechen und alle andere ritterliche und rühmliche Reiterspiele, zu Roß und Fuß, gerüstet und bloß – anstatt Saufen und Fressen lehre; auch ein Musiklehrer sollte gehalten werden, damit die musikliebende Jugend nicht unter Leibes- und Lebensgefahr, großer Geldverschwendung und Mühe wegzureisen brauche.

Der Adel verpflichtete sich für alle diese Freiheiten und Gerechtigkeiten dem Herzog und seinen Nachfolgern zum Gehorsam und zur Treue bis in die Grube.

Das ist der Hauptinhalt der KAPITULATION. Reichenbach meint, diese erste Anlage sei nur ein Hoppaß gewesen, eine Puppe für den Fürsten, der trefflich leere Stunden hatte. Allein so harmlos sah der Herzog die Sache gewiß nicht an. Er hatte als nachgeborener Prinz eine geringe Apanage erhalten und suchte sich hieraus größtmögliche Einkünfte zu verschaffen. Die neue Stadt war ein Aktienunternehmen, dem Herzog und seinen Adligen Macht und Ansehen nicht nur, sondern auch klingende Münze zu verschaffen. Aber wie der Bauer nicht zum Handwerker tauglich war, so war noch weniger der Ritter zum Kaufmann geschickt.

Die Urkunde vom Martinitag des Jahres 1587, welche die Gründung Franzburgs aussprach, hatte gewiß nach der Ansicht der beiden beteiligten Unternehmer, des Herzogs und seiner Getreuen, noch einige Mängel, und deshalb erließ der Herzog schon am 9. Januar des folgenden Jahres einen Zusatz, der noch weitere wichtige Punkte enthielt. Es sollte eine Wollmanufaktur errichtet werden, *weil jährlich unzählig Geld aus diesen unsern Landen und Fürstentume für Englische und andere Laken, und weß man mehr zur Kleidung bedarf, verführet und gezogen wird, und wir die Wolle allhier häufig haben, an Leuten – – auch kein Mangel haben, die sie verarbeiten.* Das Unternehmen ging zwischen Bogislav und seinen Edlen auf gleichen Gewinn und Verlust, und beide Teile zahlten dazu je 8 000 Gulden, so daß das ganze Unternehmungs-Kapital 16 000 Gulden betrug. Über Einnahme, Ausgabe, Warenbestände sollte Buch geführt werden, damit die Handwerker ihre Arbeitgeber nicht übervorteilen und betrügen konnten.

Ferner haben wir denn auch die dickgemelten unsern Räthen und lieben getreuen, und sie mit uns hinwieder, vereinigt, ein Ziehgel-Werk aufm Saler Bodden und einen Kalk-Ofen zu Prerou, und dann eine Münze zu Franzburg auf gemeinen Kosten und Gewinn einzurichten, und gleicher Gestalt einen Schreiber und Aufseher zu halten. Und obwohl die Anordnung der Münze der rechts-Constitution, anno 72 aufgerichtet, nicht allerdings gemäß sein möchte, dieweil aber demnach derselben – – bis daher nicht gelebet, so getrauen Wir uns auch solches zu verantworten, oder zum wenigsten, daß sie mit uns zufrieden sein sollen, bei der Kaiserlichen Maytt. und den Ständen des reiches zu erhalten. –

Man beließ es aber nicht bloß bei diesen vielversprechenden schriftlichen Abmachungen, sondern begann auch, rüstig Hand ans Werk zu legen. Es wurden Häuser gebaut, und Leute aus Antwerpen trafen in der Stadt ein; aus England bezog man zur Verbesserung der Landesherden Schafböcke; die Manufakturen wurden eingerichtet; der Herzog selbst besorgte Waren, Stoff, Gerätschaften, und seine eingelegten Gelder hatten bereits am 9. Januar 1588 die Summe von 5 200 Gulden erreicht. Es waren in diesem Jahr mehr Wollarbeiter in den Manufakturen, als die Stadt 200 Jahre später überhaupt Bewohner hatte. Die junge Stadt wuchs rasch empor und erreichte wohl damals schon den Umfang, den sie heute hat. Bogislav und seine Getreuen gaben sich gewiß die erdenklichste Mühe, ihre Unternehmungen in Schwung zu bringen. Zur Zeit der größten Blüte standen in Franzburg 111 Webstühle allerlei Art, an denen 500 Menschen arbeiteten. In der Krämer-Rolle von Bogislav zu Franzburg vom 1. Mai 1598 werden als verfertigte Zeuge *Kammel, Karteke, Brüggescher Atlas und andere Seiden Gewand, wie es in dem Krahm üblich ist,* genannt. Zunächst mußte viel Geld in die Manufakturen gesteckt werden – aber sie trugen nicht die erwarteten Zinsen. Die Niederlassung hatte die größeren Nachbarstädte zum Kampf herausgefordert. Sie schreckten fremde Handelsleute von der Teilnahme ab, die verfertigten Waren fanden infolge geheimer Übereinkunft der Nachbarn nur geringen Absatz, und den Ausschlag gab die kirchliche Verdächtigung, in welcher man die fremden Arbeiter in Franzburg als Calviner, Wiedertäufer, Sektierer geschickt bei dem Adel zu bringen wußte. Darum trat außer jenen acht Teilnehmern kein pommerscher Edelmann bei. Bogislav blieb, als ihm 1603 auch Pommern-Stettin zufiel, noch bis zum Jahr 1605 in Franzburg, verließ dann aber die Stadt, indem er seinem Vetter Philipp Julius empfahl, das angefangene Werk fortzusetzen. Aber auch der unbestritten löbliche, nützliche und ausführbare Teil des Unternehmens ging ein. *Ihr milder Stifter,* klagt der Chronist, *war weg, und der Adel hatte sie auch aufgegeben.* Der Ort ward arm und öde, die meisten Weber und Spinner wandten ihm den Rücken und gingen nach Sachsen. Um der verlassenen Stadt wieder aufzuhelfen, gab ihr der Herzog den Charakter einer Amtsstadt, in welcher nun fürstliche

Räte in ähnlicher Weise wie einst die herzoglichen Hauptleute die Verwaltung der Stadt und des Bezirks führten.

Frau Herzogin Clara, die neben einem stattlichen Heiratsgut viel Glück und Segen mit ins Land gebracht hatte, entschlief am 25. Januar 1598 in Franzburg und wurde dort am 16. Februar zu ihrer letzten Ruhestätte gebracht. Am Tag vorher war im Schloß, das sehr ansehnlich und fürstlich durch sie erbaut war, Feuer ausgebrochen, das an den Gemächern nicht geringen Schaden tat. Die Grabstätte der hohen Frau kennt niemand. Bogislav selbst sank im 62. Lebensjahr am 7. März 1606 ins Grab. Sein Bild ist im Rathaus zu Anklam erhalten. Die vortreffliche Haushaltungsklugheit setzte den Fürsten in den Stand, verhältnismäßig so Großes zu verrichten, er teilte seine Zeit so weise ein, daß der Ernst der Regierung ihm Muße ließ zu allerlei Liebhabereien wie Schnitzen, Drechseln, Goldarbeiten und zur Weidmannsfreude.

Kleine Spuren seines Wirkens erkennt man noch daran, daß sich hier Herren vom Adel gern ansiedelten, die Grabsteine auf dem Kirchhof erzählen davon. Heute lebt nur noch eine adlige Familie hier, nämlich Herr Erik von Schmieterlöv, der Besitzer eines kostbaren Heimatmuseums. Die ritterliche Schule ging früh ein, dafür wurde 1853 das Greifswalder Lehrerseminar hierher verlegt, das 1926 in eine Aufbauschule umgewandelt ist. An Stelle des geplanten höchsten Gerichts hat die Stadt heute ein Amtsgericht. Obgleich das Landratsamt nach dem Brand des Landratsgebäudes nach Barth verlegt wurde, so blüht doch die Stadt unter rastloser Betätigung der Behörde gewaltig auf. Franzburg ist ein Schmuckkasten unter den pommerschen Kleinstädten, es läßt sich hier schon leben.

De Hindenburg

An'n Bierdisch sitten de Politiker, un Herr Neumann seggt: „Wenn Hindenburg nah de Schlacht bi de Masurischen Seen de Russen ümmer wider bit nah Peitersborg hen verfolgt hädd, denn wir de ganze Krieg furtst ut west!"

„Ja", meint Jehann Hirsch, „so heww ick mi den Hindenburg ok ümmer vörstellt! Herzensgaud, äwer kein groten Feldherr!"

Vom Magister Ahlwardt, einem Studenten und einem Mädchen

Im 18. Jahrhundert war in Greifswald ein unglaublicher Verfall der Sitten unter der Studentenschaft eingerissen. Die Jugend war so entartet, daß Väter geradezu Gefahr liefen, ihre Söhne in Greifswald Wüstlinge werden zu sehen. Die akademischen Freiheit war ins ungebührliche gesteigert, um Studenten durch die Aussicht auf ein ungebundenes Leben anzulocken und dem schwachen Besuch der Universität abzuhelfen. Es fehlte in der Stadt an einem Sicherheitsdienst, vor allem nachts in den unbeleuchteten Straßen. In einem Regreß wurde den Studierenden untersagt: alles Schreien, Geblöke, Absingen schändlicher schmähsüchtiger Lieder, das Maskiert-Gehen, das Gehen mit brennender Tabackspeife, mit brennenden Fackeln, mit bloßem Degen, das Gehen in Schlafröcken, Fenstereinwerfen, Einsteigen in die Gärten, das Gepolter an Haustüren und Fensterläden, das Schießen und Raketenwerfen in der Stadt, und dergleichen. Auch sollte die beliebte Entschuldigung mit trunkenem Zustand fortan nicht gelten, sondern gerade das Strafmaß dadurch erhöht werden, wie auch die Ausschreitungen in Wein- und Wirtshäusern mit doppelter Schärfe geahndet werden sollten.

Um gegen diese fürchterlichen Zustände anzukämpfen, gründete der Magister Peter Ahlwardt, Adjunkt der Philosophischen Fakultät, der über die Lehre von der menschlichen Seele, von Gott und Gottesdienst las, im Jahr 1775 den Abelitenorden. In jener Zeit war Neuvorpommern schwedisch, und der Gefallen an Geheimorden vererbte sich vom Mutterlande, wo das Freimaurertum zu hoher Blüte gediehen war, auch ins deutsche Schweden. Ahlwardt gestaltete den von ihm gegründeten Bund denn auch nach dem Vorbild der Freimaurer aus. Der Zweck des neuen Geheimordens war, daß die Mitglieder ihrem Vorbild Abel in Aufrichtigkeit und Redlichkeit nacheifern sollten, ohne die keine andere Tugend, keine Glückseligkeit unter den Menschen bestehen kann. Es gab darin zwei Klassen, deren untere diejenigen umfaßte, die mit allem Fleiß nach wahrer Aufrichtigkeit und Redlichkeit strebten, während die obere Klasse solche aufnahm, die sich schon in diesen Tugenden bewährt hatten. Die Ordensbrüder erkannten sich an verabredeten Zeichen und hatten auch sonst geheime Sinnbilder. Sie versammelten sich wöchentlich einmal, wie dies auch die auswärts Lebenden tun konnten, und zu gewissen Zeiten fanden große Versammlungstage an der Mutterstätte Greifswald statt, bei denen man nach geschlossener Beratung Kaffee trank und sich später bei Wein und Gebäck freundschaftlich unterhielt und harmlose Kurzweil trieb.

Die Mitglieder waren vorwiegend Studenten, da der Bund eine Gegenströmung gegen das tolle und entartete Studentenleben darstellen sollte. Die Söhne angesehener Adelsgeschlechter, die Wolfradt, Wakenitz, Essen und viele andere gehörten dazu. Nachrichten von dem Orden wären wohl kaum auf die Nachwelt gekommen, wenn nicht ein besonderer Vorfall, der viel besprochen wurde, auf ihn aufmerksam gemacht hätte. Die Sache wirbelte viel Staub auf.

Ein junger Herr vom Lande nämlich, der von Wittow auf Rügen stammte und in Hinsicht auf Einfalt kaum übertroffen werden konnte, bekundete seine Absicht, in den Orden einzutreten. Er wurde dazu angeregt durch das dem Bund anhaftende Geheimnisvolle, das auf ihn besonderen Reiz ausübte, sowie auch durch den Umstand, daß viele seiner vornehmen Bekannten dazugehörten. Seiner Aufnahme trat aber ein besonderer Umstand hindernd in den Weg. Der junge lebenslustige Student belohnte sich häufig für den Verdruß, den die gelehrten Dinge seinem Kopf machten, damit, daß er nach Tagesarbeit auf den Schwof ging, wie man in Greifswald zum Tanzvergnügen sagt, und hier Anschluß suchte.

Solche Tanzvergnügungen gab es regelmäßig im Saal des Gastwirts Karger. Hier bediente die hübsche, junge Tochter, ein kleines fröhliches Ding, das den jungen Leuten den Kopf verdrehte und artig und zuvorkommend gegen jeden war, aber nur bis zur Grenze des Anständigen und Geziemenden. Das war natürlich peinlich für manche verwilderten Jünglinge, und auch der gute Wittower geriet in mächtig üble Laune, als sie ihn wiederholt wegen seiner Zudringlichkeit kurz abgefertigt hatte, und das obendrein vor Zeugen. Zu seiner Entschuldigung und um ihr einen Lack anzuhängen, erzählte er dann, sie sei gar nicht so, wie sie sich den Anschein gebe, und wenn er nur erzählen wolle, dann wär's vorbei mit ihrem guten Ruf, und er sei nicht der einzige, und es liege ihm nichts an ihr; denn er wisse recht gut, wer jetzt in seinem abgenutzten Rock gehe, und was dergleichen Bosheiten mehr waren.

Natürlich hatten die guten Freunde nichts Eiligeres zu tun, als zur Jungfer Karger zu laufen und ihr haarklein alles zu berichten. *Das sei unerhört und das könne sie nicht auf sich sitzen lassen!* Natürlich, das wollte sie auch nicht.

Und als der junge Wittower abends unverfroren auf den Ball kam, ließ sie ihn tanzen und springen und trinken, soviel er Lust hatte. Zuletzt, als das Vergnügen ein Ende gefunden hatte, nötigte sie ihn heimlich auf ihr Zimmer. Na endlich! dachte er hoffnungstrunken und folgte ihr. In ihrer Stube hielt sie ihm sein Gerede und seine Nichtswürdigkeit vor; er wollte sich mit Ausflüchten verteidigen, wurde darin aber unvermutet unterbrochen, als er ein paar rechtschaffende Maulschellen von zarter Frauenhand da sitzen fühlte, wo seine Wange am glattesten war. Ehe er recht zur Besinnung kam, befand er sich schon draußen auf der Straße.

In seiner ersten Wut schwatzte der Dummkopf dies selbst aus, und nun wurde er aufgezogen, daß es eine Lust war. Auf die Dauer wurde dies verdrießlich, denn niemand mag gern, wenn man mit dem Finger auf ihn zeigt und sagt: „Das ist er", wenn man zu lachen anfängt, wo man sich sehen läßt. Darum beschloß er, sich Genugtuung zu verschaffen, wurde auch von seinen guten Freunden reichlich dazu aufgeputscht, damit es in dem ereignisarmen Leben der kleinen Stadt etwas zu lachen und zu schwatzen gäbe.

Nach der Sitte damaliger Zeit hielt sich unser Wittower wie alle reichen Studenten einen Diener. Das war ein baumlanger Kerl, der gehorsam alle Befehle auszuführen hatte. An einem Sonntagnachmittag sah der Student, wie das Fräulein zur Kirche ging, und er beschloß nun, sie auf dem Rückweg öffentlich mit der Peitsche zu züchtigen. Er ging also mit seinem Diener, der die Peitsche tragen mußte, in der Brüggstraße kampfbereit auf und ab, wurde aber von dem Dienstmädchen erkannt, das ihr Fräulein aus der Kirche abholen wollte. Sie ahnte sofort den Zusammenhang der Dinge, wartete in der Vorhalle der Kirche auf den Schluß des Gottesdienstes und erzählte dann ihrer Herrschaft, daß draußen der Ritter mit seinem Gefolgsmann kampfbereit warte. Da schickte das Fräulein ihr Mädchen zurück nach Hause mit dem Auftrag, des Vaters Hirschfänger zu holen. In kürzester Zeit war das besorgt, das Dienstmädchen hielt die Waffe unter ihrem Mantel versteckt und überreichte sie der Herrin. Nun gingen beide mutig ihren Feinden entgegen. Ehe der tapfere Held mit der Peitsche ausholen konnte, hatte er so viele Hiebe mit der flachen Klinge sitzen, daß er hurtig ausriß, und als der Goliath die Ehre des Tages retten wollte, verdrosch sie ihn derartig, daß auch er schleunigst umkehrte und seinem Herren folgte. Zuguterletzt säbelte das Fräulein ihm noch den Zopf ab, den sie als Beute ihrem Mädchen übergab und als Siegeszeichen mit nach Hause nahm.

Der Vorfall hatte Zeugen gehabt, und nun verbreitete sich die Kunde davon in Windeseile in der Stadt. Man lachte furchtbar über den Tapferen, und der Mut des Mädchens wurde bis in den Himmel erhoben. Man sprach mit höchster Achtung und Ehrerbietung von ihr, während er sich nirgends sehen lassen durfte und daher aus Greifswald verschwand. Natürlich wäre er niemals in den Abelitenorden aufgenommen worden.

Ahlwardt konnte wie alle Greifswalder nicht umhin, in das Kagersche Haus zu gehen, um sich das wackere Mädchen anzusehen und sich von ihr die Begegnung erzählen zu lassen. Das tat er so oft, bis er sich in das liebe, anmutige Ding verliebte, das seine Ehre so tapfer verteidigt hatte. Sie wurde seine Frau, das war der Schluß ihres kleinen Romans. In seiner Ehe mit ihr fand der Gelehrte so viel Genüge, daß ihm sein Orden, dessen Seele er gewesen war, gleichgültig wurde. Der schlief denn auch bald ein, ohne jemals wieder zum Leben erweckt zu werden.

Einer, der wirklich erzählt

Nachwort

Man sollte mißtrauisch sein, wenn Dichter Selbstcharakteristiken vornehmen: Viel zu oft ist die Behauptung, nicht Kunstwille habe Heinrich Bandlow getrieben, vielmehr hätte er um des Geldes wegen geschrieben, ungeprüft übernommen worden, als daß man sie ein weiteres Mal wiederholen dürfte. Gewiß, Bandlow selbst hat von Geldknappheit gesprochen, als er bekannte: „Ich bin immer genügam gewesen und beschied mich ohne Murren mit dem, was das Leben mir zugewiesen hat. Doch mag in diesem Zusammenhang gesagt sein, daß es eine falsche Politik der Regierung war, die Lehrer in ihrem Einkommen zu kurz zu halten und sie damit unzufrieden zu machen." Wie sich die Masse der niederdeutsch Schreibenden bei Belebung der Heimatkunstbewegung nämlich aus der Lehrerschaft rekrutierte, so trifft das auch auf Bandlow zu.

Am 14. April 1855 in Tribsees geboren, verließ Heinrich Bandlow, von kleineren Reisen abgesehen, den engen Bezirk Vorpommerns lebenslang nicht. Im Lehrerseminar Franzburg seminaristisch ausgebildet, boten sich ihm Stellen in Richtenberg und in seiner Vaterstadt, ehe man ihn 1908 als Zeichenlehrer nach Greifswald holte. Mit seinem Gehalt hatte er für eine siebenköpfige Familie und womöglich noch für ein Zugehmädchen aufzukommen.

Als Heinrich Bandlow am 25. August 1933 in Greifswald stirbt, erscheinen neue Kurzgeschichten noch bis Ende des Jahres in der Beilage zum Swinemünder Generalanzeiger INSEL UND WELT, die vierzehntägig herauskam, in den Monatsheften UNSER POMMERN-

LAND Stettin und in den zur damaligen Zeit grassierenden Heimatkalendern: So lange reichte der Vorrat.

Hebt schon die ungewöhnliche Produktivität diesen Erzähler aus dem Gros niederdeutscher Gelegenheitsdichter heraus, so sind auch seine Vielseitigkeit und die Qualität des Gearbeiteten bemerkenswert. Von etwa 30 Buchveröffentlichungen erschien die Hälfte außerhalb des engeren Wirkungskreises, was zwangsläufig kritischere Maßstäbe mit sich bringt, in Hamburg, Stettin, Berlin und Leipzig; neben Hinstorff in Wismar. Jeweils fünf Bändchen STRATENFEGELS und LUSTIG TÜGS und die Fürsten- un Börgergeschicht NATURDOKTOR STREMEL verlegte sogar ein gewöhnlich der Mundart nicht zugänglicher Verlag, der renommierte Reclam. In der Universal-Bibliothek auch brachte Bandlow wiederholt Arbeiten John Brinckmans unter.

Natürlich reiften nicht alle Blütenträume, manchmal sind gerade die wenig bedeutenden kleinen Verlage quasi vor der Haustür die unzuverlässigsten. Die „Verlagsanstalt Paul Christiansen" Wolgast kündigte 1923 vollmundig eine Gesamtausgabe der Schriften Heinrich Bandlows an, kam aber über die Sammlung von Witzen und Scherzgedichten HUCHING! nicht hinaus.

Finden sich bei Bandlow also nicht die Belanglosigkeiten und Wiederholungen und Anleihen des Vielschreibers, so wäre eine ganz und gar gegenteilige Einschätzung gleichfalls mißverständlich: Arnold Koeppens Wort von Bandlow als dem pommerschen Reuter bedarf der Erläuterung. War Reuter ein Meister der großen Form, der Totale also, die die Möglichkeiten des Romans ausschöpft in der Darstellung einer weitgehend vollständigen dörflichen Gesellschaft wie auch in der Verfolgung langer Lebenszeiträume einzelner Figuren, gelang es ihm überdies, sozialkritische Fragen von erheblicher Schärfe zu stellen, so ist Bandlow vor allem Erzähler, ein Mann der Einzelfigur und des Moments. Selbst, wo er etwas Größeres, in sich Geschlossenes vorlegt, handelt es sich um aneinandergereihte abgeschlossene Episoden, bei gleichem Schauplatz und fortgeschriebenen Figuren, Geschichtenkranz eher denn Roman. Die Kritik des Beobachters und Beurteilers kleinstädtischen Lebens nach der Reichseinigung bleibe zwangsläufig verhaltener, urteilte Gustav Erdmann in seinem denkwürdigen GREIFSWALD-Bildband von 1968, sie ergibt sich aus der Art der Darstellung, aus Schilderungen von Gestalten und Situationen, im ironischen und zuweilen auch satirischen Reflex. Aber gerade *weil* Bandlow die Tristesse kleinstädtischen Alltags sowie Ständedünkel und Vereinsmeierei kritisiert, weil er die Vorurteile der Provinzler sich aussprechen läßt, weil er Aufsteiger bloßstellt und die kleinen Leute sich pfiffig und zäh gegen ihr Schicksal stemmen läßt, bekommt er mehr authentische Zeit in seine Geschichten als alle die Läuschennachbeter, die Reuter für sich mißverstanden. Weitere Themen Bandlows sind Geldsorgen, beamtete Borniertheiten und menschliche Schwächen, durchtränkt vom skeptischen Blick des Melancholikers. Gebeutelte Lehrer wie Rudeknecht und Daberkow stehen auffällig neben dem Gesellschaftsgefüge. Bandlow erzählt von enttäuschten Erwartungen, den kleinen Rechtsverbiegungen durch örtliche Machtinhaber und dem Phantasiemangel des bürgerlichen Durchschnitts, der junge, sich ausprobierende Menschen leicht zu Fremdkörpern im ackerbürgerstädtischen Getriebe macht. Am Ende werden daraus *Lüd, dei alle Felle wegswemmt sün,* Leute, *dei Trübsal tau verköpen haben.* Bandlow bereichert den Themenkanon des im Mundartlichen Darstellbaren erheblich.

Er ist unermüdlich im Ausdenken von Situationen, die sich für eine komische Gestaltung eignen; er versteht es, unverwechselbare Figuren vor die Augen des Lesers zu stellen, ohne sich in allzu Pittoreskem zu versteigen, und Bandlow ist ein Meister des Dialogs bis hin zum Nonsens. Bandlows Emsigkeit schafft Fülle, das Gegenteil von öder Zeilenschinderei. Seine literarischen Gestalten reden genußvoll und auf das witzigste. Wie Reuter war auch Bandlow als Zeichner begabt, ja, er nahm noch in fortgeschrittenem Alter Zeichenunterricht, um in diesem Fach vermittelnd wirken zu können; vielleicht führt die rasche und zupackende Beobachtungsgabe des Zeichners wirklich zur treffenden Personencharakteristik, wie man das für Reuter annahm. Mit einem Wort, Bandlow ist unter den vielen nebenberuflichen Schreibern, die die plattdeutsche Szene bevölkern, einer der am rationellsten vorgehenden und stilsichersten, ein durchaus professioneller Autor. Und Bandlow ist zu ehrlich, als daß er sich einfangen und einwickeln ließe, und sei es durch das Stereotyp vom biederen und treuherzigen Charakter der Mundart. *De Minschen müßten man ok dornah sin, äwer't giwwt hier ebenso vel Kanalgen un Slinkfisters as annerwegt,* weiß sein ansonsten durchaus vergnügter älterer Herr am Badestrand. Manchmal spielt Heinrich Bandlow mit den Attitüden literarischer Zuschreibungen; er gibt zu erkennen, er wisse, wie es gemacht werden müßte zu literarisieren, er versteht sich jedoch als unterhaltender Schriftsteller des zeitungslesenden Publikums. Seine Grenzen liegen bei ihren Erwartungen. Den Straßenbahner aus einer anderen Geschichte als der hier aufgenommenen von der Kleinbahn, aber mit einem ähnlich verqueren Fatalismus wie dieser Kleinbahnschaffner ausgestattet, läßt er Bescheid stoßen:

Bücher sind immer gut, ob sie nun gebunden oder ungebunden sind. Gebundene Bücher wirft man den Katzen nach, und mit ungebundenen schlägt man die Fliegen an der Wand tot. Und so reden Schiffsführer und Fuhrleute bei ihm.

Bei Bandlow kommt allerdings immer alles ins Lot und schnell ins Lot. Einmal, als am Schluß der Geschichte von den violetten Strümpfen wirklich ein Konflikt heraufwettert aus dem Unerwarteten, bricht der Erzähler ab. Wissen möchte die Ehefrau, *kridewitt, mit bäwernden Lippen,* auf welche Weise der vermaledeite Strumpf in die Aktentasche des Hausfreundes gelangt sein kann, aber bei der Frage läßt es der Autor denn auch bewenden.

Bandlow hat, neben seinen ausgewachsenen Prosastücken, auch Witze und Witzartiges publiziert und in einem Buch HUCHING! POMMERSCHER VOLKSHUMOR zusammengefaßt. Selbst hier findet man nicht nur Aufgewärmtes, sondern so noch nicht Vernommenes, durchaus Eigenständiges. Kann man Bandlows Sprachgefühl schon in den Geschichten, in denen sich Mundart und Hochsprache mischen, beobachten, so setzt er auch in dem durchgängig platt Erzählten aus dem Hochdeutschen entlehntes und platt leicht eingefärbtes Vokabular ein, wo die ursprünglichen Worte zu archaisch klängen. Bandlow ist kein Herold eines Sprachpurismus, dem die Literatur nur Vehikel ist. Er ist wirklich Erzähler, Geschichtenerzähler. Im Hochdeutschen versuchte er sich (ganz abgesehen davon, daß er manche seiner niederdeutschen Geschichten übersetzte) als Chronist und Sagenerzähler, bei den Märchen bedient er sich eines angehobenen Tons, den er dann auch durchhält, selbstredend. Bandlows Witz ist nicht Schadenfreude oder Stichelei, sondern Humor reinsten Wassers. Koeppen nannte ihn unstreitig den bedeutendsten lebenden Vertreter des plattdeutschen Humors Vorpommerns. Wenn also Fritz Reuter und Heinrich Bandlow in einem Atemzug genannt werden, bei den erheblichen Unterschieden, so kann das nur die Meisterschaft beider, die jeder auf seinem Gebiet erlangte, meinen. Auf Bandlow bezogen besagt der Vergleich, der Mann hat Statur. Und ist ein vollblütiges Talent.

J. G.

Worterklärungen

abellsch	albern, töricht, dumm
aderkaugen	wiederkäuen
Adjunkt	Amtsgehilfe
Aeditz	Eidechse
amböstig	kurzatmig
Angtreh	Eintritt
anhujanen	(mit weit offenem Mund) gähnen
anklöstern	sich anziehen (warm oder auch umständlich)
ansüren	‚ansäuern', sich etwas einbrocken
Apanage	Erbteil, Zuwendung (urspr. an nicht regierende Mitglieder eines Fürstenhauses)
äperst	aber
assistieren	existieren
bädeln	trödeln
Bammeltikel	Perpendikel (Uhrpendel, ‚Bleilot')
bedillern	mit Dill bestreuen (früher Mittel gegen Hexen)
bedriwlich	betriebsam
benaut	kleinmütig
bläuscherig	gerötet
bossig	ärgerlich
Boston, auch ~g	Kartenspiel (mit 104 Whistkarten)
driftig	dreist, durchtrieben
Drucht	Tracht, Last
estemieren	beachten, würdigen, schätzen
Farkensteker	Anwalt

farusch	wild
fissentiren	visitieren
förfötsch	geradewegs (einen Fuß vor den anderen setzend)
Fredenbad	Friedensbote
fuchtig	hier: feucht
Fuck	Stoß
Gustrumheck	Liguster
häglig	vergnüglich
hartlich	groß, kräftig, tüchtig
hentrecken	hier: gefallen
Hoppaß	ein kurzer Sprung in die Höhe beim Reiten oder Gehen; hier wohl: eine Puppe für den Herzog
Hundschaft	Hundertschaft
Huno	Hüne
imitieren	gemeint: pensionieren
Immenrüm	Bienenstock
insackt	hier: eingefallen, gesenkt;
Inschott	wörtl.: ‚Einschuß'; Zusammenfahren, Milchstockung durch Schreck
Kabach	kleiner Raum, baufälliges Haus
krämpfisch	gestohlen
kränschen	stolz, übermütig, kampfesmutig
Kraun	Kranich
kumpelsant	einvernehmlich, zuvorkommend
Läus	Geleise, Wagenspuren
liwen	verliebt

Lubinsche Karte	Der Rostocker Mathematikprofessor Eilhard Lubin (1565-1621) bereiste 1611/12 Pommern im Auftrag Herzogs Philipp II., um eine Landkarte zeichnen zu können. Der Rand ist mit 49 Städtebildern und über 300 Adelswappen geschmückt.
Martinitag	auch: Martensdach, der 11. November, Tag des Hl. Martin, früher Tag für den Dienstwechsel
Merweljöh	wunderbar, nach franz. merveilleux; Merveilleuse lautete die spöttische Bezeichnung für eine allzu modisch gekleidete Dame zur Zeit des Directoire.
meschat	eigentl.: meschant, zu frz. méchant: heruntergekommen
mierig	schlecht, geizig, schäbig
miströstig	ungetröstet
mit sien	recht sein
Neg	Nähe
Oderbräuksche	Bauern aus dem Oderbruch
Okschon	Auktion
ozeanreich	ozonreich
pahlsch	gerade, steil
Päk	Salzlake zum Haltbarmachen von Fleisch und Fisch; Ra.: Wat in'ne Päk hebben: vorrätig haben
Pakkatel	Bagatelle, Kleinigkeit

Passehlen	Parzellen
perdollsch	unbeholfen, ungeschickt, linkisch, dumm
pernottig	unfreundlich, trotzig, eingebildet
Pitschaft	Petschaft
Plamsur	Morast
Plü	Verstand, Schlauheit
prozessen	prozessieren
Poingdonnör	franz.: Point d'honneur, Ehrensache, Ehrgefühl, wörtl.: Ehrenpunkt
Pölk	kleines Schwein
Pracher	Bettler, Armer
Pünt	Ordnung
Putzen	Possen, Streich
Quatz	seem.: Eimer
Regreß	Ersatzanspruch
retürieren	fliehen
Rohm	Sahne
rume Tied	viele Jahre
Sanft	Samt
sangfenisch	sanguinisch, d.i. leichtblütig, lebhaft
Schän	Schiene, Kufe, hier: Schienbein
Sela!	hebr.: abgemacht! Schluß!
slippen	gleiten, Ra.: nich slippen laten!: nicht nachlassen!
Spier	Spur
Stacker	gebrechlicher, kraftloser Mensch
Swark	Schwärze
suddlig	von suddeln: einschmutzen

Splett	Splitter, Streit
Gefohr stahn	wohl: bestehn
Taugift	Zugabe
Timolewium	Privileg
Thoms, de mit de Hamel dörchgüng	sprichwörtl.: Thoms ahn / achter de Hamel: wenn etwas verloren geht oder etwas besonders Dummes bezeichnet werden soll
Unnebus	Omnibus
utkelürt	von unklarer Farbe
Utslachter	Auktionator
verninsch	giftig
versellen	etwas im kleinen verkaufen oder achtlos fortgeben
wählig	kräftig, stark
Warwel	wörtl.: Wirbel, Schnecke; ‚Vorrichtung an Geräten, die eine drehende Bewegung ermöglicht' (MWB)
welchmals	manchmal
Wörmt	Wermut
Zigur	Wegwarte, Zichorie, Kaffeeersatz

Quellenverzeichnis

In STRATENFEGELS, Leipzig 1896-1902, erschienen in Bd. I.: Hedwig S. 70-81, in Bd. IV: Unser Zugführer S. 56-63; in LUSTIG TÜGS, Leipzig 1904-1915, erschienen in Bd. II: Dat Drinkgeld S. 87-95, in Bd. III:. Im Moor S. 86-100, in Bd. IV.: En Jubelgreis S. 4-23, Wat ut en Schawernack rutkümmt S. 39-78.

De vigeletten Strümp: Titelgeschichte des gleichnamigen Bandes, Hamburg 1928.

In HUCHING! Pommerscher Volkshumor, Stettin 1926, erschienen: Trüggbetahlt, S. 6, En scharp Verhür S. 17 f., Bunte Sache S. 20, Vullkamen richtig S. 22, Einfach S. 24, De Millionen S. 25, All so as so! S. 28, Awergloben S. 35, De Hindenburg S. 51, En nig Wurd S. 53, [Noch] en nig Wurd S. 54, En Wahlagent S. 58, De Kunst geiht nah Brot S. 59.

In INSEL UND WELT, Unterhaltungsbeilage der Swinemünder Zeitung, erschienen: Strand-Kunterbunt 1. 8. 1927, Eine pommersche Städtegründung als Aktienunternehmen u. Krischan in't Kaffeehus 15. 11. 1927, De Mur 1. 1. 1928, As tau Hus! 15. 5. 1928, Unkel Franz un Schultsch 1. 2. 1929, Nierenkrank, 15. 4. 1929, En lütten Irrtum u. Afwinkt 1. 5. 1929, Ganz richtig 15. 6. 1929, Gaude Hülp 1. 7. 1929, De grote Bidd 15. 9. 1929, De Stun'n 1. 12. 1929, Helmerich 1. 6. 1930, Geld 15. 12. 1930, Arrak-Grog 1. 1. 1931, Philipp Kiddelslipp 15. 2. 1932, En ganzen Grisen 15. 3. 1932, De ripen Aeppel 1. 6. 1932, Knab' und Röslein 15. 7. 1932, Huching! 1. 8. 1932, Grad dorüm! 1. 9. 1932, Den Arger sin Rundreis', 15. 8. 1933, Erkennung, 1. 9. 1933.

In UNSER POMMERNLAND, Stettin, erschienen: Dat Strafgeld 1922/2, S. 87-89, Vom Magister Ahlwardt, einem Studenten und einem Mädchen 1926/10 und 11, S. 495-497, Helmerich 1934/7 und 8, S. 174-176.

Autor und Verlag danken dem Philipp Reclam Jun. Verlag, Ditzingen, für die freundliche Genehmigung des Abdrucks.